NARUTO

masashi kishimoto

26

SÉPARATION...!!

kana

岸本斉史

PERSONNAGES PRINCIPAUX

RÉSUMÉ DES ÉPISODES PRÉCÉDENTS

EN COMPAGNIE DE SASUKE ET DE SAKURA, NARUTO, LE PIRE GARNEMENT DE L'ÉCOLE DES NINJAS DU VILLAGE CACHÉ DE KONOHA, POURSUIT SON APPRENTISSAGE.

LORS DE L'EXAMEN DE SÉLECTION DES NINJAS DE "MOYENNE CLASSE", ILS SONT ATTAQUÉS PAR UN MYSTÉRIEUX NINJA NOMMÉ OROCHIMARU, QUI DÉPOSE UNE MARQUE MALÉFIQUE SUR LE CORPS DE SASUKE AVANT DE DISPARAÎTRE.

ALORS QUE L'ÉPREUVE FINALE BAT SON PLEIN, OROCHIMARU LANCE L'ASSAUT SUR KONOHA... MAÎTRE HOKAGE SE SACRIFIE POUR SAUVER LE VILLAGE ET LE PLAN DE L'INFÂME OROCHIMARU AVORTE.

APRÈS SON COMBAT ÉPIQUE CONTRE OROCHIMARU, TSUNADE DEVIENT LE 5e HOKAGE. MAIS VOILÀ QUE SASUKE, SÉDUIT PAR LE POUVOIR QUE LUI OFFRE OROCHIMARU, DÉCIDE DE QUITTER KONOHA POUR SUIVRE LES ENVOYÉS DU VILLAGE DU SON.

SHIKAMARU ET SES COMPAGNONS, LANCÉS IMMÉDIATEMENT À SA POURSUITE, VONT LIVRER DE TERRIBLES COMBATS FACE AUX SBIRES D'OROCHIMARU.
NARUTO RATTRAPE ENFIN SASUKE... UN SASUKE EN TOTALE PERDITION ET HANTÉ PAR LES PAROLES DE SON FRÈRE ITACHI.

NARUTO

26

sommaire

227e épisode : Les Mille Oiseaux contre l'Orbe Tourbillonnant !! 7
228e épisode : Le pressentiment de Kakashi 27
229e épisode : Liens...!! 47
230e épisode : Le réveil !! 67
231e épisode : Pouvoirs spéciaux !! 87
232e épisode : La Vallée de la Fin 107
233e épisode : Le pire des dénouements...!! 127
234e épisode : Séparation...!! 147
235e épisode : Échec...!! 169

227e ÉPISODE :
LES MILLE OISEAUX CONTRE L'ORBE TOURBILLONNANT !!

NARUTO

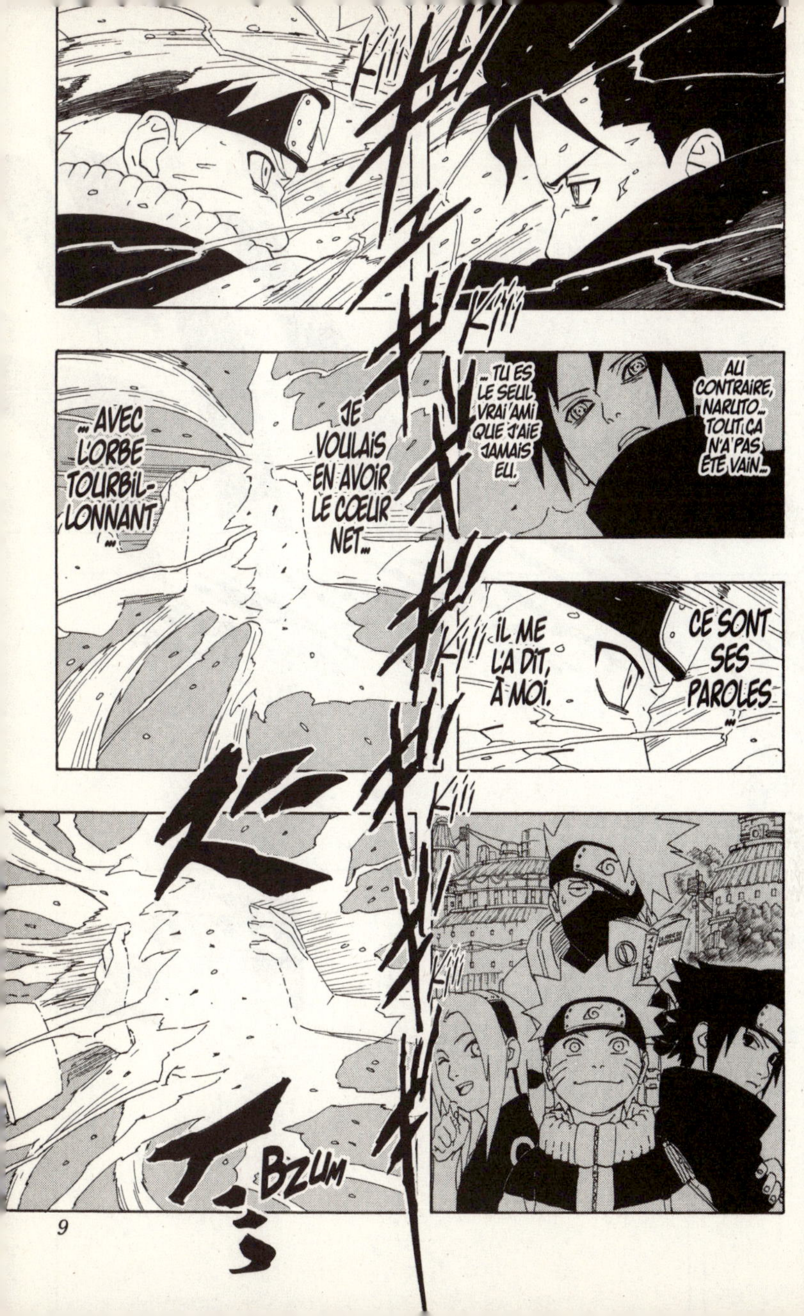
KIII
KIII
AU CONTRAIRE, NARUTO... TOUT ÇA N'A PAS ÉTÉ VAIN...
... TU ES LE SEUL VRAI AMI QUE J'AIE JAMAIS EU.
JE VOULAIS EN AVOIR LE COEUR NET...
... AVEC L'ORBE TOURBIL-LONNANT ...
CE SONT SES PAROLES ...
IL ME L'A DIT, À MOI.
KIII
KIII
KIII
BZUM

TUF TUF TUF TUF TUF
PLOUF

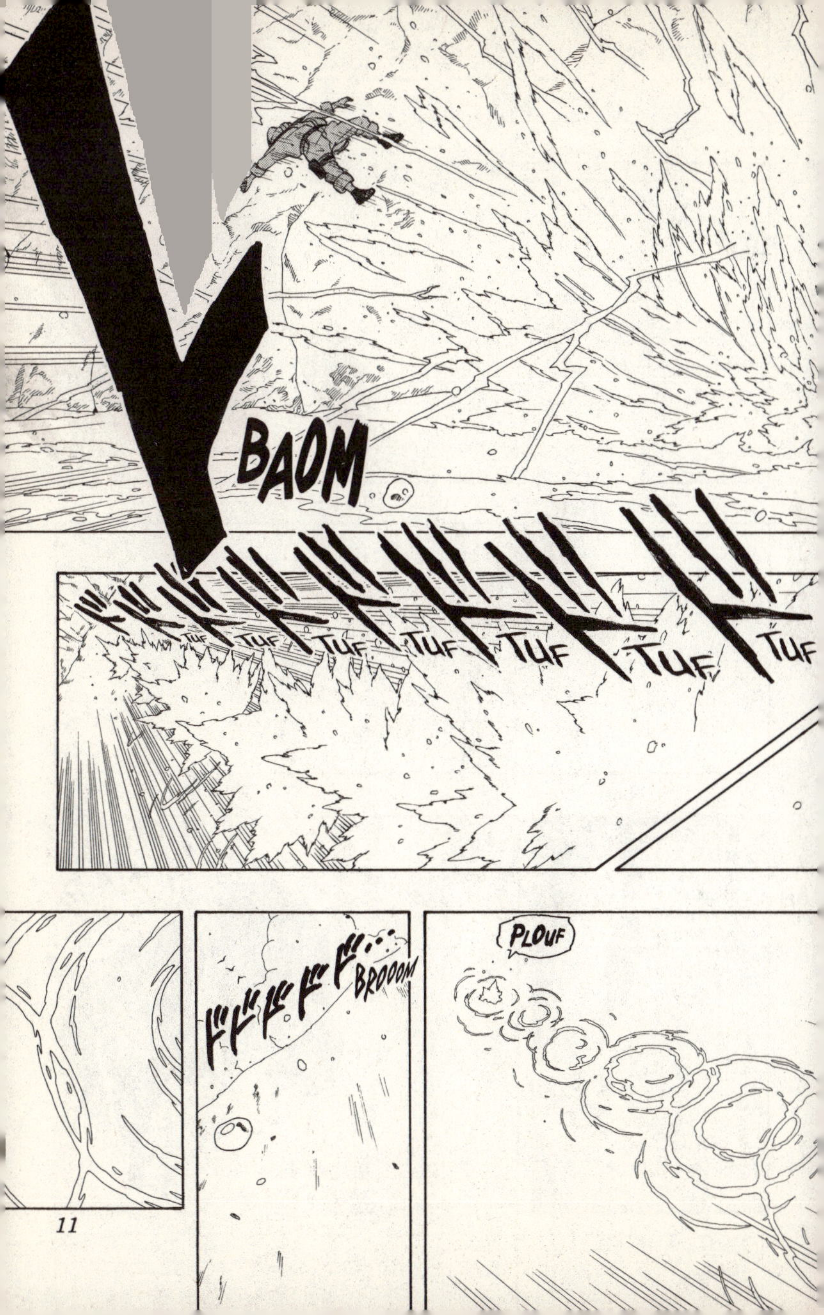
BAOM
TUF
TUF
TUF
TUF
TUF
TUF
TUF
BROOOM
PLOUF

BROOOM
PLOUF
SHHH...
SPLASH
BON SANG ! MÊME AVEC LES MILLE OISEAUX À LA PUISSANCE MAXIMUM, JE N'EN SUIS PAS VENU À BOUT...

HH
...
HH
HH
COMMENT UN RATE COMME LUI PEUT-IL MAITRISER UNE TELLE TECHNIQUE ?
GLUB GLUB
ゴポポッ...
ゴポ...
GLUB
BORDEL...
BORDEL...

SPLITCH
チャポッ…
NARUTO...
PAS DE DOUTE SUR TES INTENTIONS.
C'EST CLAIR...
SASUKE...

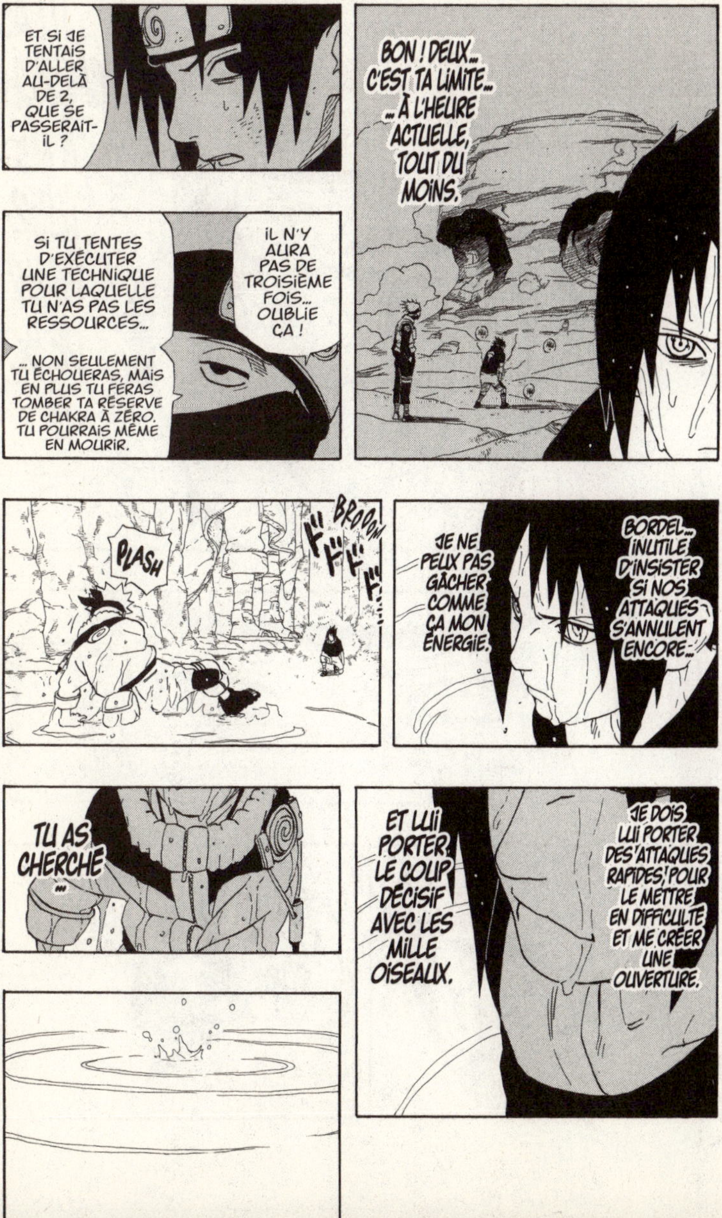
BON ! DEUX... C'EST TA LIMITE... ... À L'HEURE ACTUELLE, TOUT DU MOINS.
ET SI JE TENTAIS D'ALLER AU-DELÀ DE 2, QUE SE PASSERAIT-IL ?
SI TU TENTES D'EXÉCUTER UNE TECHNIQUE POUR LAQUELLE TU N'AS PAS LES RESSOURCES...
... NON SEULEMENT TU ÉCHOUERAS, MAIS EN PLUS TU FERAS TOMBER TA RÉSERVE DE CHAKRA À ZÉRO. TU POURRAIS MÊME EN MOURIR.
IL N'Y AURA PAS DE TROISIÈME FOIS... OUBLIE ÇA !
BORDEL... INUTILE D'INSISTER SI NOS ATTAQUES S'ANNULENT ENCORE...
JE NE PEUX PAS GÂCHER COMME ÇA MON ÉNERGIE.
BROOOM
ドドド
PLASH
JE DOIS LUI PORTER DES ATTAQUES RAPIDES, POUR LE METTRE EN DIFFICULTE ET ME CRÉER UNE OUVERTURE.
ET LUI PORTER LE COUP DÉCISIF AVEC LES MILLE OISEAUX.
TU AS CHERCHE ...

... TU AS CHERCHE À ME TUER POUR DE BON !!!
SASUKE...
...
MAINTENANT, IL RÉFLÉCHIT AU MEILLEUR MOYEN...
... DE M'ÉLIMINER À COUP SÛR.
C'EST INSENSE...
JE N'ARRIVE PAS À LE CROIRE.
ズズズズ

ズズ
WOOO
ズズ
WOOO
LE SAVAIS-TU, NARUTO ...?
ズズ
WOOO
LES NINJAS DE HAUTE VOLÉE...
... SONT CAPABLES DE LIRE DANS LES PENSÉES DE LEUR ADVERSAIRE DÈS L'ÉCHANGE DES PREMIERS COUPS.
ILS SE COMPRENNENT, SANS PRONONCER LE MOINDRE MOT.
ET JE PEUX TE DIRE QUE TU ES BIEN NAÏF, NARUTO...
ET TOI ?

AS-TU LU...
... DANS MON ESPRIT ?
FWIP
...
HUMPF!
KATON!!!
GUPF!
PASH
TECHNIQUE DE LA BALSAMINE !!!
BROOOF
STAP

!
FWOM
TONK
PAMK

...
SASUKE... JE SAVAIS QUE TU ÉTAIS UN SOLITAIRE.
AU DÉBUT... ÇA ME RASSURAIT DE VOIR QUELQU'UN QUI ME RESSEMBLE.
PLUS ENCORE, J'ÉTAIS CONTENT DE TE VOIR.
JE BRÛLAIS D'ENVIE DE T'ADRESSER LA PAROLE.

PLASH
PLASH
PLASH
MAIS J'EN ÉTAIS BIEN INCAPABLE...
TU AVAIS TOUS LES TALENTS.
OOOH!!!
CLAP
CLAP
CLAP
ET DU SUCCÈS AUPRÈS DES FILLES.
PLATCH
STAP

TOMP
IL Y AVAIT UN TEL ABÎME ENTRE NOUS...
UNE RÉALITÉ DURE À AVALER. ALORS, J'AI FAIT DE TOI MON RIVAL.
JE NE VOULAIS TE CÉDER EN RIEN. ET PUIS, TU M'AVAIS TRAITÉ DE RATÉ, JE M'ÉTAIS SENTI DANS L'OBLIGATION DE RÉAGIR.
打倒サスケ!!!
JE T'ÉCRASERAI, SASUKE !!
QUAND NOUS SOMMES DEVENUS L'ÉQUIPE N°7, C'ÉTAIT PAREIL.
PAR OBSTINATION...
... J'AI TOUJOURS REFUSÉ DE TE DIRE CE QUE JE RESSENTAIS VRAIMENT...
POMK

JE VOULAIS TANT TE RESSEMBLER.
JE T'ADMIRAIS.
ET PUIS...
IL FAUDRA QUE JE T'AFFRONTE, TOI AUSSI.
CE JOUR-LÀ...
...J'ÉTAIS FOU DE JOIE.
TU RECONNAISSAIS MA VALEUR...
...POUR LA PREMIÈRE FOIS.
GNNN...

ON NE SE L'ÉTAIT PAS DIT...
MAIS TOI COMME MOI, ON LE SAVAIT. ON NE POURRAIT PAS S'AFFRONTER.
Kiii
Kiii Kiii
Zup
MAIS NOUS ÉTIONS DEVENUS AMIS !
AU CONTRAIRE, NARUTO... TOUT ÇA N'A PAS ÉTÉ VAIN.
... TU ES LE SEUL VRAI AMI QUE J'AIE JAMAIS EU.

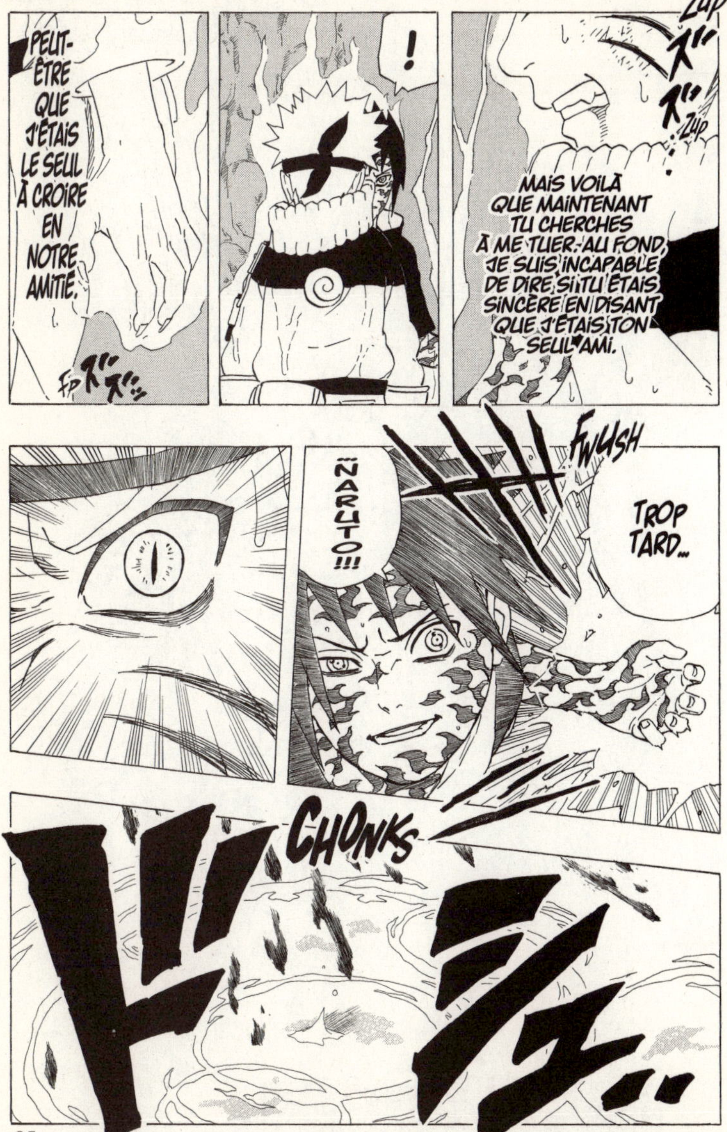
ZUP
ZUP
MAIS VOILÀ QUE MAINTENANT TU CHERCHES À ME TUER. AU FOND, JE SUIS INCAPABLE DE DIRE SI TU ÉTAIS SINCÈRE EN DISANT QUE J'ÉTAIS TON SEUL AMI.
!
PEUT-ÊTRE QUE J'ÉTAIS LE SEUL À CROIRE EN NOTRE AMITIÉ.
FWUSH
TROP TARD...
...NARUTO!!!
CHONKS

5E ANNIVERSAIRE DE PUBLICATION !!
PARFOIS, JE SENS MON COURAGE S'ENVOLER. MAIS JE NE ME LAISSE PAS ABATTRE. JE NE CESSERAI JAMAIS D'AIMER NARUTO ET D'ADMIRER CE KISHIMOTO QUI COURT PARTOUT SANS ARRET.
8 NOVEMBRE 2004, KAZUHIRO TAKAHASHI

228e ÉPISODE :
LE PRESSENTIMENT DE KAKASHI

PARDON?
VOUS AVEZ ENVOYE CES PETITS JEUNES POUR RATTRAPER SASUKE ?
JE N'AVAIS PAS LE CHOIX. TU CONNAIS LA SITUATION DU VILLAGE...
HUMMM...
BLOM
NE TE SOUCIE DE RIEN. J'AI PRIS UN MINIMUM DE PRÉCAUTION.
...
ZUP

TU VOIS !
ZP
TA PROCHAINE MISSION EST DÉJÀ DÉCIDÉE !
ZUM
CLASSE S
BON... JE RÈGLE ÇA ET JE REVIENS AUSSITÔT.
FUP
NE VOUS INQUIÉTEZ PAS.
...
STAP
BLAM
ON CROIT RÊVER...!
INVOCATION!!!

POOOF
DISPERSION !!!
ALLEZ !!!
PARTEZ DANS TOUTES LES DIRECTIONS ET RETROUVEZ LES ODEURS DE NARUTO ET SASUKE.
QUAND VOUS AUREZ REPÉRÉ LEUR TRACE, APPELEZ-MOI !
JE VOUS REJOINDRAI AUSSITÔT.
WAF! WAF!
STAP
STAP
STAP
STAP
STAP
STAP
STAP
STAP

...
VOUS N'Y COMPRENEZ RIEN !
VOUS PARLEZ COMME SI VOUS SAVIEZ CE QUE C'EST !!
J'AI ÉTÉ NÉGLIGENT ...
CES DEUX-LÀ VONT VRAIMENT S'ENTRETUER...
WOOF !
BIEN !!!

IL FAUT QUE J'ARRIVE À TEMPS !!!
STAP
EN FIN DE COMPTE...
... J'ÉTAIS PEUT-ÊTRE LE SEUL À CROIRE QUE NOUS ÉTIONS AMIS.
DANS CE CAS...
... JE SUIS FRANCHEMENT RIDICULE.
PAS VRAI, SASUKE ?!

C'EST COMME ÇA...
ENFIN...

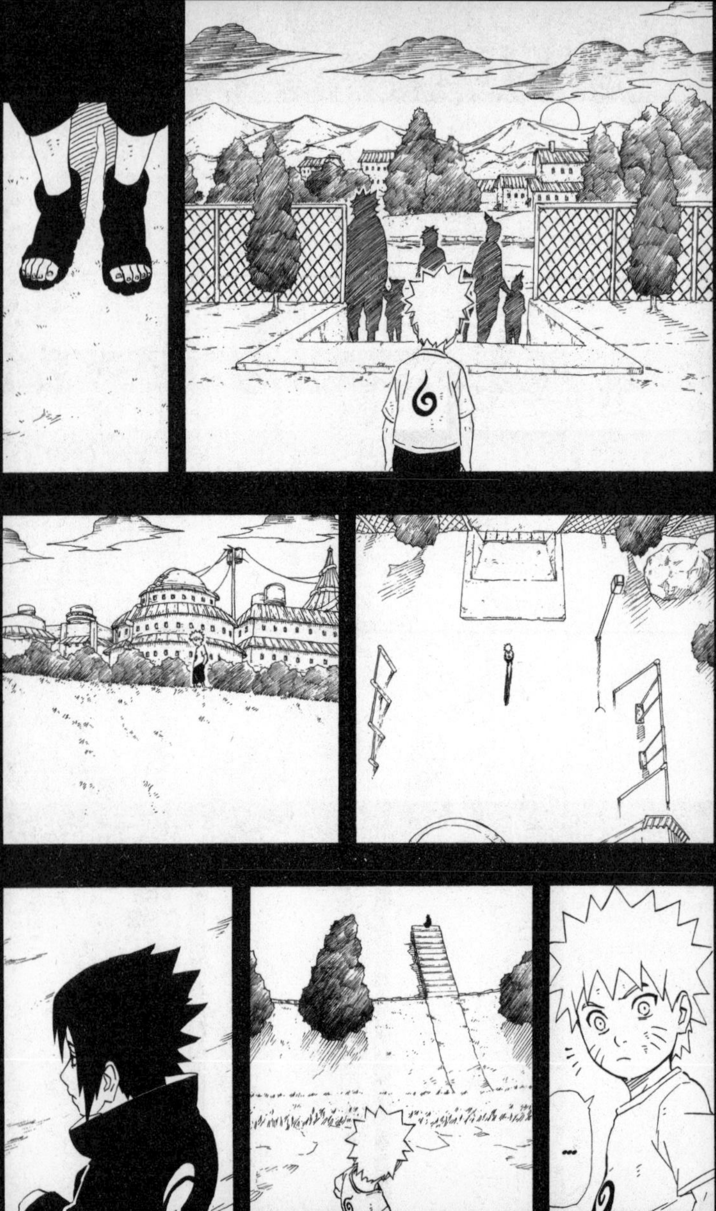

J'IGNORE POURQUOI...
!
!
... MAIS QUELQUE PART...
TAP
TAP
...
FUP
FUP
... JE NE VEUX PAS QU'OROCHIMARU METTE LA MAIN SUR TOI.

BOM BOM
ドクドク
WOOO WOOO
TU AS DÉVIÉ MON COUP DE LA MAIN GAUCHE ET J'AI LOUPÉ TON COEUR DE PEU.
WOOO
MAIS ÇA NE T'A PAS AVANCÉ À GRAND-CHOSE.
J'AI PERCÉ TON POUMON ET TON ÉPAULE DROITS.
FRUTCH
GNNN...
VRUL

SPRUTCH
ドク BOM
ドク BOM
ドク BOM
TU RESPIRES AVEC DIFFICULTÉ...
TU NE PEUX PLUS UTILISER TON BRAS DROIT.
IMPOSSIBLE POUR TOI DE COMPOSER DES SIGNES ET D'EXÉCUTER TA TECHNIQUE.

...
TU POURRAS ÉVEILLER LE KALÉIDOSCOPE ...
... MAIS À UNE SEULE CONDITION.
GATCH
IL TE FAUDRA POUR CELA...
GNNN...
... TUER TON MEILLEUR AMI.
JE VAIS T'ACHEVER !
GNNN...
PRAK

DBOK
GWAAAH!!!
URGH...
KRSSSH
DSHHH
DU CHAKRA ROUGE ?! QU'EST-CE QUE C'EST ?!
D'OÙ LUI VIENT CETTE FORCE, TOUT À COUP ?!
BRRRR

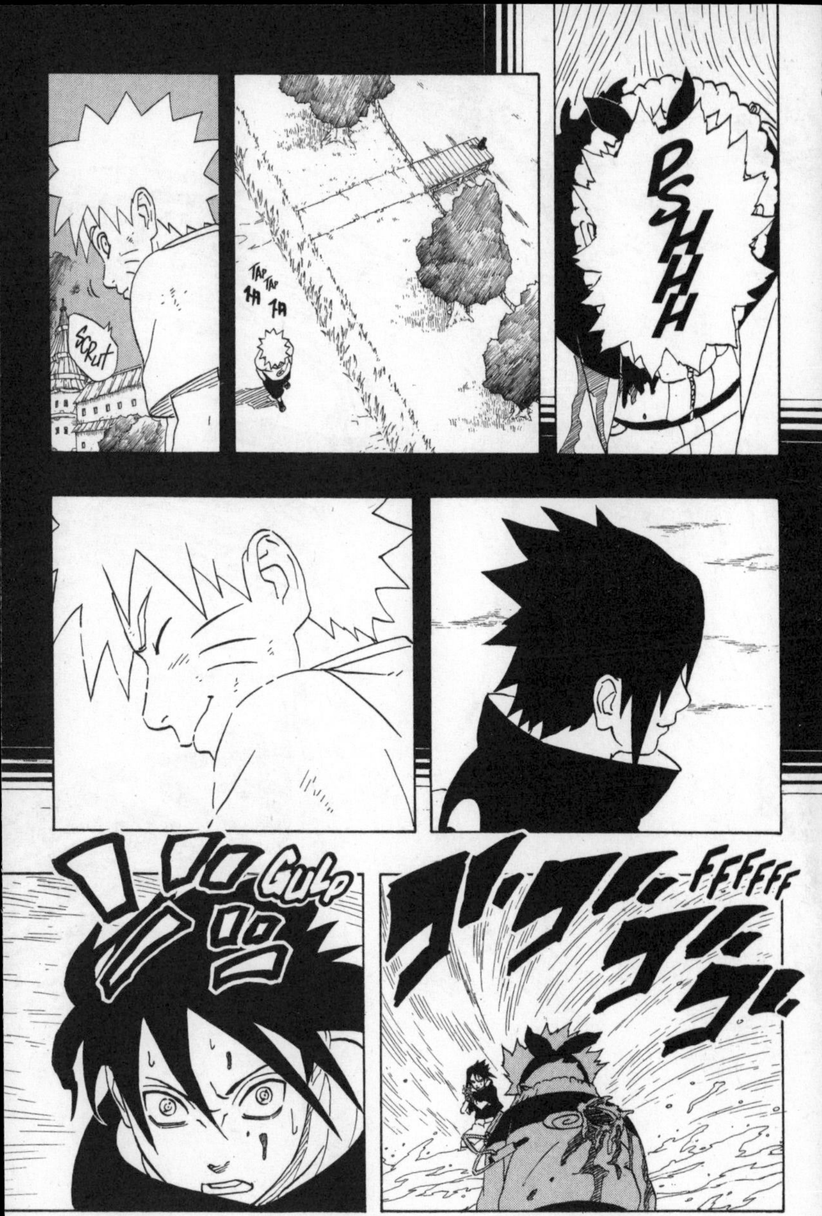
PSHHHH
TAP TAP
SCRUT
FFFFFF
Gulp

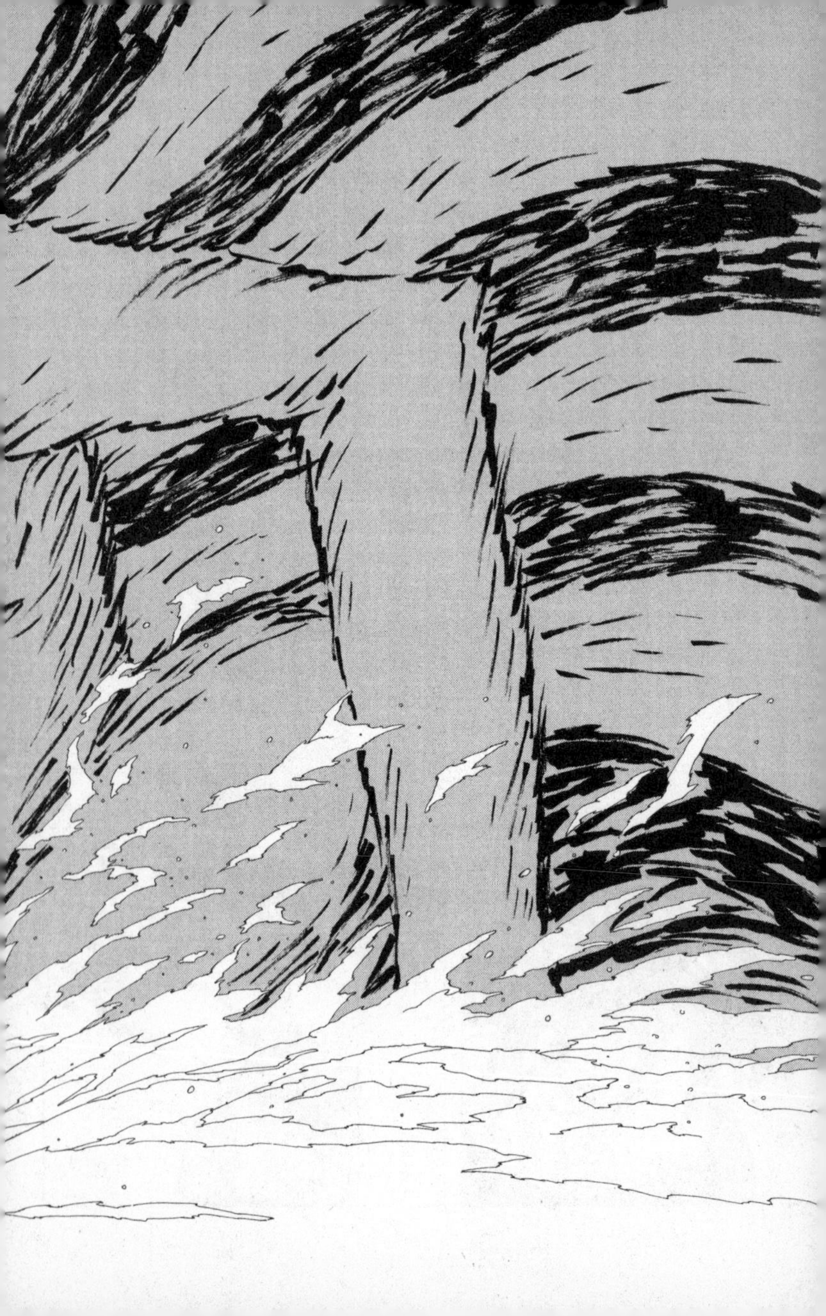

QU'EST-CE QUI SE PASSE ?!
?!!
ジュウウウウ
PSHHH
ジュウウウウウ
PSHHH
PSH
ウウ…

FFFFFF
QUOI ?!
JE RÊVE ! SA BLESSURE GUÉRIT À VUE D'OEIL ?!
SASUKE !!!
JE NE TE LAISSERAI PAS ALLER CHEZ OROCHIMARU...
JE T'ARRÊTERAI, MÊME SI POUR ÇA JE DOIS BRISER TOUS LES OS DE TON CORPS.
FWUP

* FÉLICITATIONS.

229e épisode : LIENS...!!

229e ÉPISODE :
LIENS...!!
TON AMI !
ET C'EST POUR ÇA...
... QUE JE NE LAISSERAI PAS OROCHIMARU T'EMPORTER !

ET JE VAIS T'ARRÊTER...
... MÊME SI JE DOIS POUR ÇA TE BROYER TOUS LES MEMBRES !!
...!
KZZIN
DASH
!!
FWUP
STAK
OUOOOOH!!

TOMK
!
SES COUPS SONT LOURDS !!!
URGH !!!
PLASH
PLASH
STAP
FWAP
FWAP
KZIM

KATON ! LA BOULE DE FEU SUPRÊME !!!
BROOOF
RAAAGH !!
BZUM
GWAAAAH !!!
SBOM

!!
QUOI ?!
COMMENT ?!
IL A PARÉ L'ATTAQUE RIEN QU'AVEC SON CHAKRA ?!
GLUB ゴボボッ GLUB
ズゴゴ FROOOM
BWOOOM ゴゴ!!

RZOOOF
KRONK
VRRR

BRAM
RÉVEILLE-TOI, MAINTENANT !
パラ
FRUP
パラ
FRUP
SI TU NE REPRENDS PAS TES ESPRITS, JE VAIS VRAIMENT RÉDUIRE TES OS EN BOUILLIE !
ET JE TE TRAÎNERAI AU VILLAGE COMME UN POIDS MORT !

HUN HUN...
HUN HUN HUN...
...!
...
...
TU ME CASSES LES OREIL-LES...
...?!
QU'EST-CE QUE TU SAIS DE MOI...
... TOI QUI N'AS JAMAIS EU DE PARENTS OU DE FRÈRE ?!

TU AS TOUJOURS VÉCU SEUL !!
QU'EST-CE QUE TU SAIS DE MOI ?!!!
HEIIIN ?!!
...!
C'EST QUAND ON A DES LIENS QU'ON SOUFFRE !!
TU NE SAIS PAS CE QUE C'EST QUE DE PERDRE UN ÊTRE CHER !!
HUNG!!!
PAMK

KRSHHH
PATCH PATCH
C'EST VRAI...
JE N'AI JAMAIS CONNU MA FAMILLE...
HH...
HH...
HH...
...
MAIS...
... QUAND JE SUIS AVEC LE PROFESSEUR IRUKA, MON IMAGINATION TRAVAILLE.
UN SHINOBI DOIT AVOIR LE VENTRE PLEIN !
MAIS ÇA NE VEUT PAS DIRE QUE TU DOIS TE GOINFRER NON PLUS !

J'AI L'IMPRESSION DE SAVOIR...
... CE QUE SIGNIFIE "AVOIR UN PÈRE".
...
...
ET QUAND JE SUIS AVEC TOI...

ABRUTI !!!
UN PROBLÈME, CRÉTIN ?!
JE NE PERDRAI PAS !!
C'EST ÇA, CAUSE TOUJOURS...
HE HE HE ! ÇA T'ÉPATE, HEIN ?!
HUM !
...
...

JE ME DIS QU'AVOIR UN FRÈRE... C'EST UN PEU COMME ÇA.

...
...
POURQUOI ?
!
POURQUOI FAIS-TU TOUT ÇA POUR MOI ?!
...

PARCE QUE, VOIS-TU...
... J'AI CRÉÉ DES LIENS AVEC QUELQU'UN.
C'EST POUR ÇA...
... QUE JE DOIS T'EMPÊCHER DE COMMETTRE CETTE FOLIE.
...

...
ZUP
...!
FRUP

スウー

VIENS, NARUTO !
...!
JE VAIS TRANCHER...
... LES LIENS QUI NOUS UNISSENT !

5e ANNIVERSAIRE DE PUBLICATION !
ANNIVERSARY
'04
04.11.08
田坂亮
RYO TASAKA

230e ÉPISODE :
LE RÉVEIL !!

...
TRANCHER NOS LIENS ?
DANS CE CAS...
... POURQUOI PORTES-TU TOUJOURS LE BANDEAU DE KONOHA ?

JE LE RECONNAIS.
TU ES FORT.
...!
CAR...
... COMME MOI...
... TU AS SOUFFERT DE LA SOLITUDE.
...
OUI, VRAI-MENT ...
... C'EST UNE SOUFFRANCE QUI REND FORT...

ALORS, EN TRANCHANT NOS LIENS...
... J'ACQUERRAI DAVANTAGE DE FORCE ENCORE.
...
JE VAIS ME BATTRE LOYALEMENT.
EN REVAN-CHE...
PING PING
... TOI, TU N'ARRIVERAS MÊME PAS...
... À ÉRAFLER CE BANDEAU.
ÇA, ÇA NE CHANGE PAS.

TU NE VEUX RIEN ENTENDRE, APPAREMMENT.
SASUKE...
GNUP
ASSEZ PARLÉ...
PLACE AU COMBAT.
AMÈNE-TOI...
STAPS

!!
STAP

FWOOOOM
KRRRSH
KZOM

JUSQU'À TOUT À L'HEURE, J'EN ÉTAIS INCAPABLE, MAIS JE DISTINGUE ENFIN SES MOUVEMENTS !!!
MON ORGANISME A DÛ S'HABITUER À LA MARQUE.
EN LISANT LES PULSATIONS DE FORCE QUI PARCOURENT TOUT SON CORPS...
... J'ARRIVE À VOIR DISTINCTEMENT QUELS SERONT SES PROCHAINS MOUVEMENTS !!

スッ…!
ZUP

FWOM
?!
TAM
TAM
GRÂCE À MES YEUX...
... JE PEUX GÉRER LA SITUATION SANS GÂCHER DE CHAKRA.
ZUP
CAR JE NE DOIS PAS ABUSER DU POUVOIR DE LA MARQUE.

IL NE BOUGE PLUS DU TOUT DE LA MÊME MANIÈRE.
MAIS ÇA N'A AUCUNE IMPORTANCE !
IL EST HORS DE QUESTION QUE JE PERDE !!
DASH
JE PEUX ANTICIPER SON JEU...
KZUM
JE VOIS CLAIREMENT QUELS MOUVEMENTS IL VA FAIRE...
... JE N'AI DONC QU'À RÉGLER LE TIMING DE MON ATTAQUE EN CONSÉQUENCE.

POMK
!!
FWOM

KRRRSSSH
PLOOOF
SHHH
IL A PARFAITEMENT ANTICIPÉ MON ATTAQUE !
BON SANG !!!

KZUM
URGH!!!
CHONK
PAM
CHONK
TONK
CRAK
BROOOM

PLOOOF
SHHH
JE NE TE LAISSERAI PAS...
...FILER...
SASUKE...
C'EST MOI QUI TE SAUVERAI ...

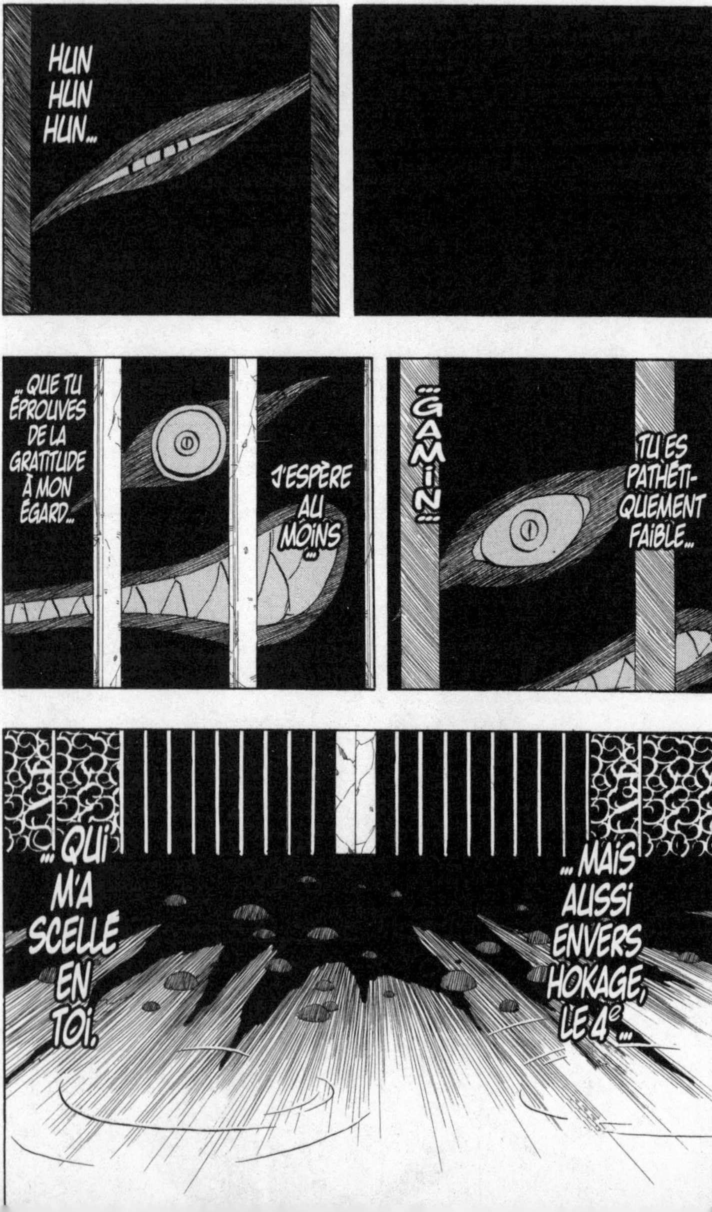
HUN HUN HUN...
TU ES PATHÉTIQUEMENT FAIBLE...
...GAMIN...
J'ESPÈRE AU MOINS...
...QUE TU ÉPROUVES DE LA GRATITUDE À MON ÉGARD...
...MAIS AUSSI ENVERS HOKAGE, LE 4e...
...QUI M'A SCELLE EN TOI.

STAB
GNNN..
グッグッ
!
BLUB
BLUB
...
BLUB BLUB
ボコボコ
BLUB
ボコ
BLUB
ボコボコ
UUH... URGH...
BLUB
ボコ
BLUB
ボコ
BLUB
ボコ
BLUB
ボコ
BLUB
ボコ
BLUB
ボコ

PSHHH
ジュウウウ...

?!!
PSHHH
JE RÊVE ?!
...
PSHHH

555
5th. ANNIVERSARY
2004.11.8 池本幹雄
MIKIO IKEMOTO
5e ANNIVERSAIRE DE PUBLICATION !!

231e ÉPISODE :

POUVOIRS SPÉCIAUX !!

FFFF
PSHHH
...
BLUB
BLUB
CE CHAKRA ROUGE...
... N'EST PAS DU CHAKRA ORDINAIRE.
ZUM ZUM

C'EST BIEN CE QUE JE ME DISAIS... C'ÉTAIT NARUTO, VOTRE BUT !
EFFECTIVEMENT, NOUS SOMMES VENUS POUR EMPORTER NARUTO... C'EST L'IMPÉRATIF ABSOLU QUE NOUS ONT FIXÉ NOS SUPÉRIEURS DE L'ORGANISATION AKATSUKI.
...
JE VOIS...
IL SEMBLE QUE TU SOIS DOTÉ DE POUVOIRS SPÉCIAUX, NARUTO.
JE VIENS SEULEMENT DE LE RÉALISER.
GULP !
GNNN
GRR...

OUOOOOH!!!
DASH
!!

ZUP
スゥ
!!

ZP
QUOI ?!
SON CHAKRA SE SÉPARE DE LUI...?!
PAMK

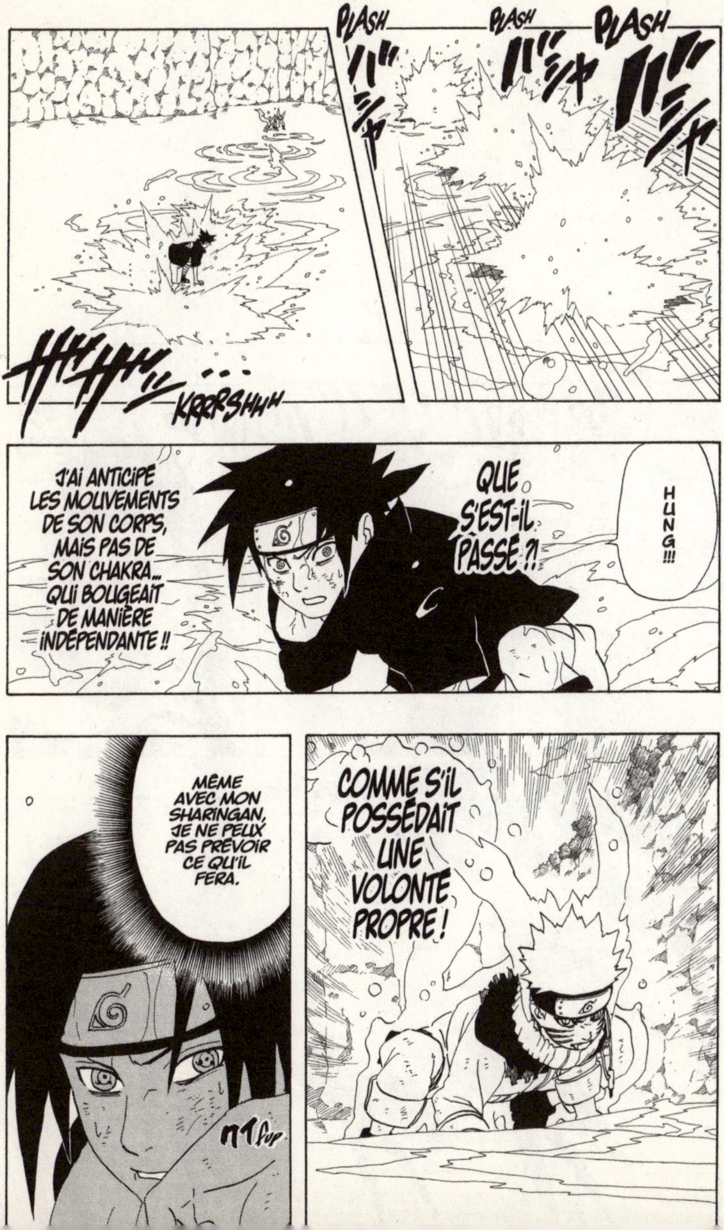
PLASH
バシャ
PLASH
バシャ
PLASH
バシャ
KRRRSHHH
HUNG!!!
QUE S'EST-IL PASSÉ ?!
J'AI ANTICIPÉ LES MOUVEMENTS DE SON CORPS, MAIS PAS DE SON CHAKRA... QUI BOUGEAIT DE MANIÈRE INDÉPENDANTE !!
COMME S'IL POSSÉDAIT UNE VOLONTÉ PROPRE !
MÊME AVEC MON SHARINGAN, JE NE PEUX PAS PRÉVOIR CE QU'IL FERA.
fup

HUMPF
FWAP
FWAP
FWAP
FWAP
ZUP
JE DOIS ÉVITER LE CORPS-À-CORPS...
BROOOO
KATON ! LA BOULE DE FEU SUPRÊME !!!

FFFF
...!
BROOOF

PWOOOF
SON CHAKRA... LE PROTÈGE ?!
HUP

PSHHH
ジュウウウウ
ZP
JE DOIS ME CALMER !!!
SI JE RÉUSSIS À LE MAINTENIR À DISTANCE, JE NE RISQUE RIEN.
QUOI ?!

バシャ
PLASH
バシャ
PLASH
バシャ
PLASH
GWARGH!!!
HUNG...
!
ズザザ
KRSSSH

POMK
!!
!!
BRAM
ドガ
モクモク
PUF PUF

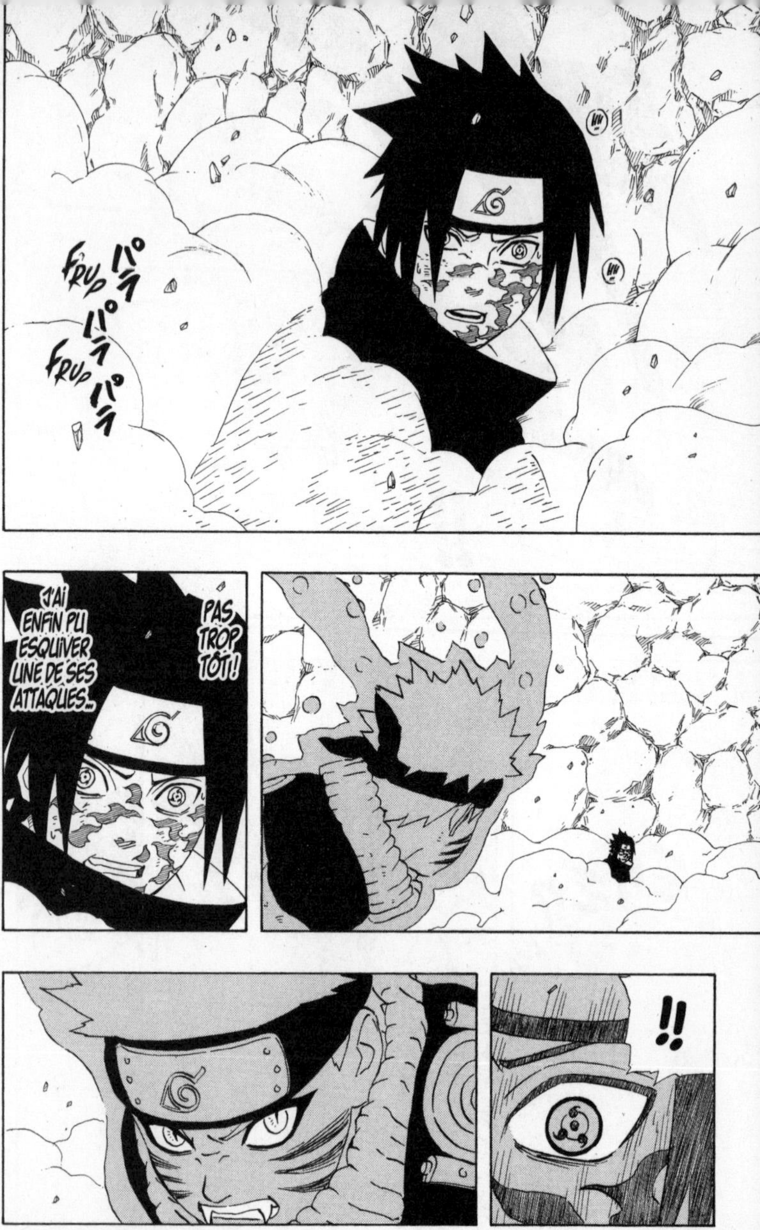
FRUP
FRUP
PAS TROP TÔT !
J'AI ENFIN PU ESQUIVER UNE DE SES ATTAQUES...
!!

GNNN
FWOM
KRRRSH
!!
OUAAH!!!

TAMK
BAMK
BOM
BROOOM
ドドドド
HUN HUN...
HUN HUN HUN...
!
HUN HUN HUN...
TU NE ME LAISSES PAS LE CHOIX...
...

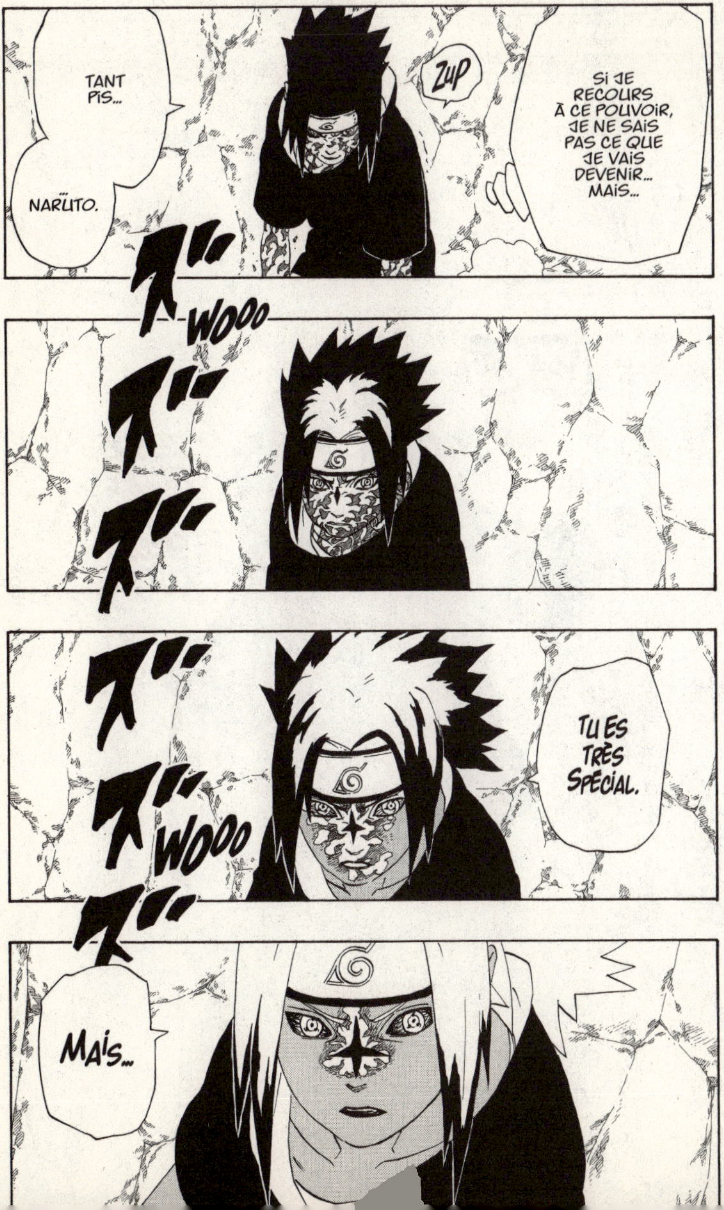
SI JE RECOURS À CE POUVOIR, JE NE SAIS PAS CE QUE JE VAIS DEVENIR... MAIS...
ZUP
TANT PIS...
... NARUTO.
WOOO
TU ES TRÈS SPÉCIAL.
WOOO
MAIS...

... JE SUIS ENCORE PLUS SPÉCIAL QUE TOI.

...
SASUKE...
FRUSH
FRUSH
CE N'EST PLUS TRÈS LOIN !!

5 ANS !! FÉLICITATIONS, MAÎTRE KISHIMOTO !
岸本さん いつもお疲れサマです！ 祝5周年!!
by. 西谷浩一.
Kôichi NISHIYA

232e ÉPISODE : LA VALLÉE DE LA FIN

...!
SPÉCIAL ?
TU PARLES DE TON APPARENCE ?
HUN HUN...
JE NE PEUX PAS PERDRE FACE À TOI.
DASH

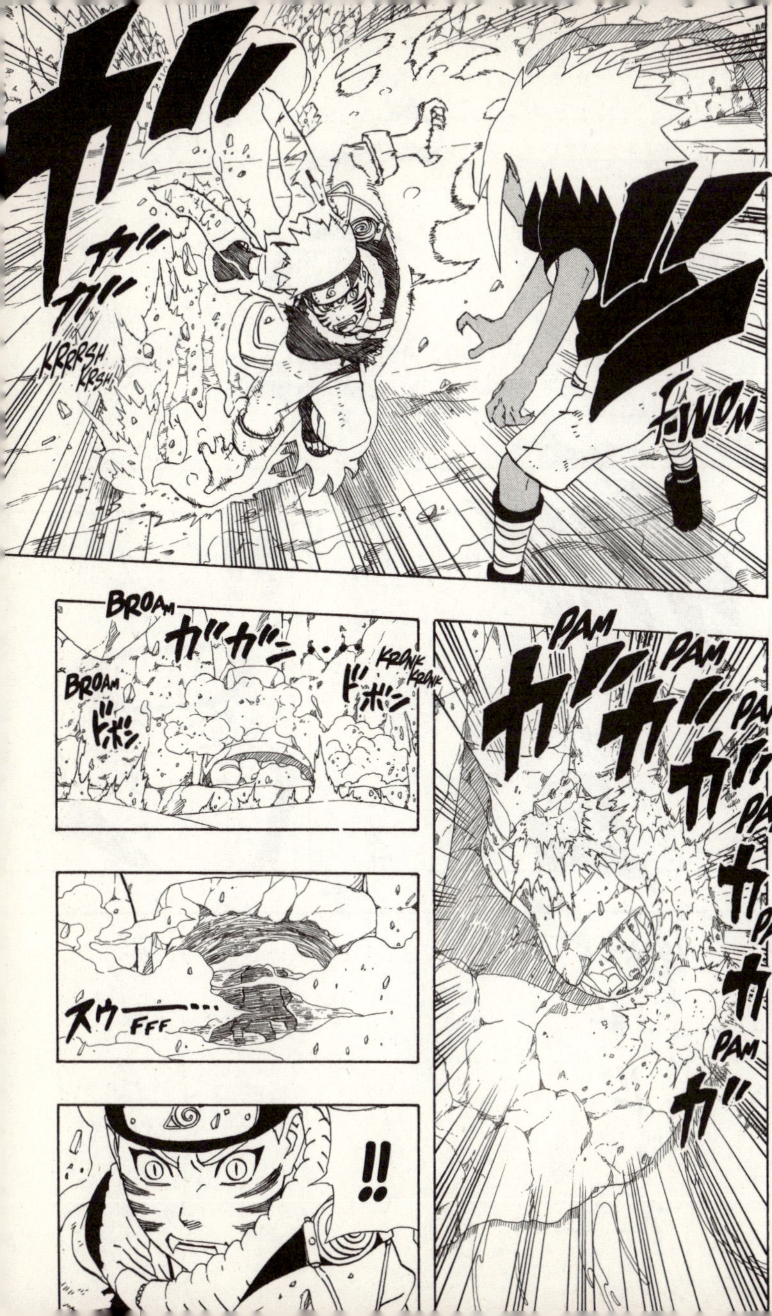

FWOM
ガッ
ガッ
KRRRSH KRSH
PAM
PAM
PAM
PAM
PAM
PAM
BROAM
ガガン・・・
KRONK KRONK
ドボン
BROAM
ドボン
スウー……
FFF
!!

?!
ヴン
TANK
FWUSH
GWARGH!!!
BROOOM
ドドド…

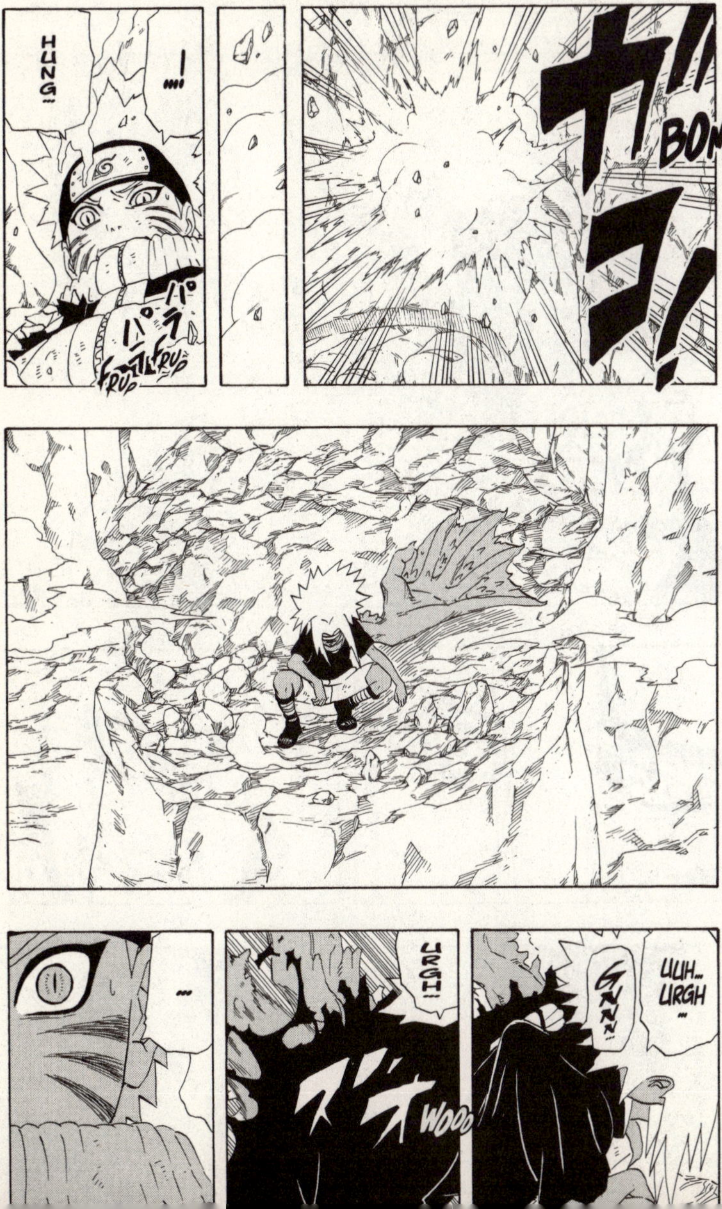

BOMK
HUNG...
...!
FRUP FRUP
...
URGH...
WOOO
GNNN...
UUH... URGH
...

...
SASUKE... QU'EST-CE QUE...?!
URGH...

SI TU LA LAISSES S'ÉCHAPPER TROP LONGTEMPS, ELLE DÉVORERA GRADUELLEMENT TON CORPS.
JE N'AI PLUS...
... UNE MINUTE À PERDRE.
HUNG...
ズ
ZUD
!

JE NE SENS PLUS MA MAIN GAUCHE !
シュウウウウウ
PSHHHHH
APPAREMMENT...
... TOI AUSSI, TU PRENDS DES RISQUES EN USANT DE CE POUVOIR...
!
...
TU SAVAIS ?
NOUS SOMMES À LA FRONTIÈRE DU PAYS... ON APPELLE CET ENDROIT LA VALLÉE DE LA FIN.

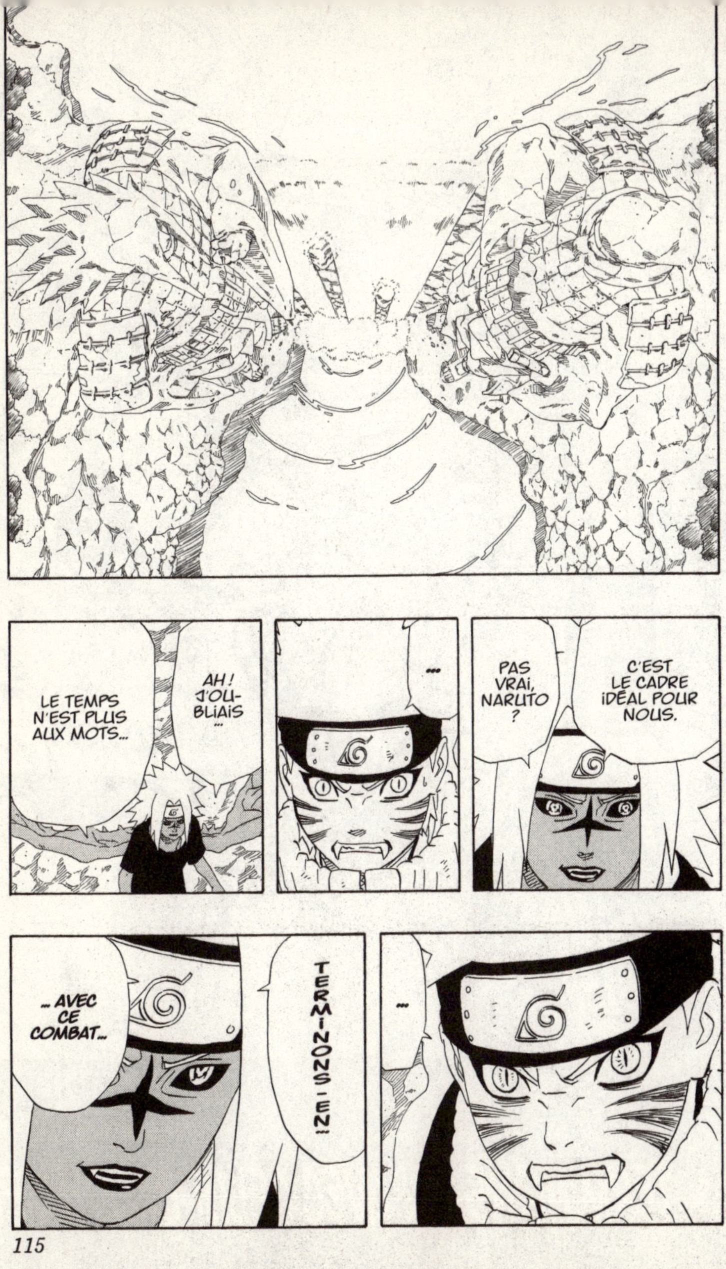
C'EST LE CADRE IDÉAL POUR NOUS.
PAS VRAI, NARUTO ?
...
AH ! J'OUBLIAIS ...
LE TEMPS N'EST PLUS AUX MOTS...
...
TERMINONS-EN ...
... AVEC CE COMBAT...

TERMINONS-EN AVEC CELUI-CI COMME

PUISQUE NOUS SOMMES AU DEUXIÈME ÉTAGE !
FWP FWP
UN DÉSIR DE CHANGER DE LOOK.
RIEN DE PLUS !!!
JE NE VEUX PAS
POURQUOI TU JOUES LES DURS ?
SAKURA... NE ME SERRE PAS COMME ÇA, TU ME FAIS MAL...
DOM DOM
JE NE RETROUVE PAS LE PASSAGE.
AVEC TOUS LES AUTRES JUSQU'À PRÉSENT...

CAR UN AUTRE COMBAT M'ATTEND...

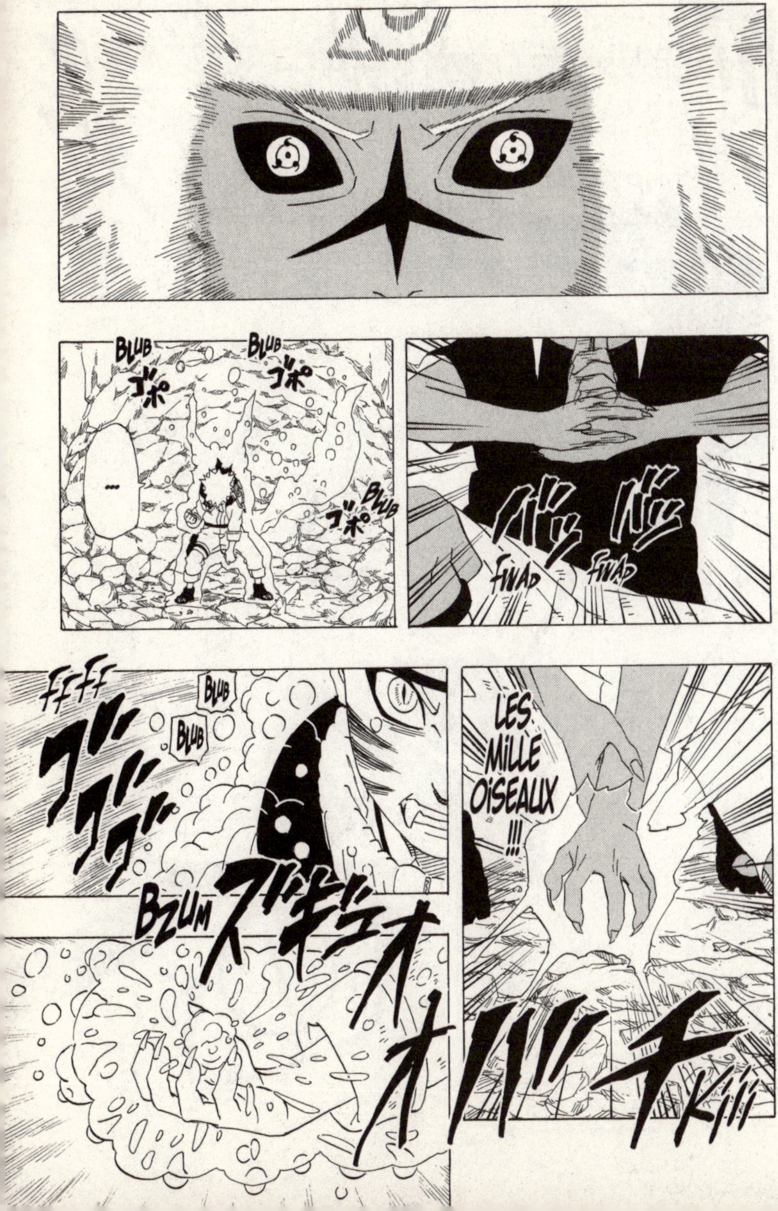
バッ バッ
FWAP FWAP
BLUB
ゴポ
BLUB
ゴポ
...
BLUB
ゴポ
LES MILLE OISEAUX !!!
FF FF
グググ
BLUB
BLUB
BZUM
ズギュオ
オバチ
KIII

BZUM
VRULLL
WOOM
STAP

Kiii
Kiii
Kiii
Kiii
STAP

BZUUUM

L'ORBE TOURBIL-LONNANT !!!

LES MILLE OISEAUX !!!
BAM

5th.
ANNIVERSARY
8 NOVEMBRE 2004
YÛICHI
ITAKURA

238e ÉPISODE :
LE PIRE DES DÉNOUEMENTS...!!

KIIII KIIIII
F-WOOM
PAMK
HUNG!!!
URGH!!!

ZING
WOOO
KZUM
ピクン
!!
CE CHAKRA !!
PAS ÇA !!
STAP
STAP
STAP
PLASH
WOOOP

BRAOOOM

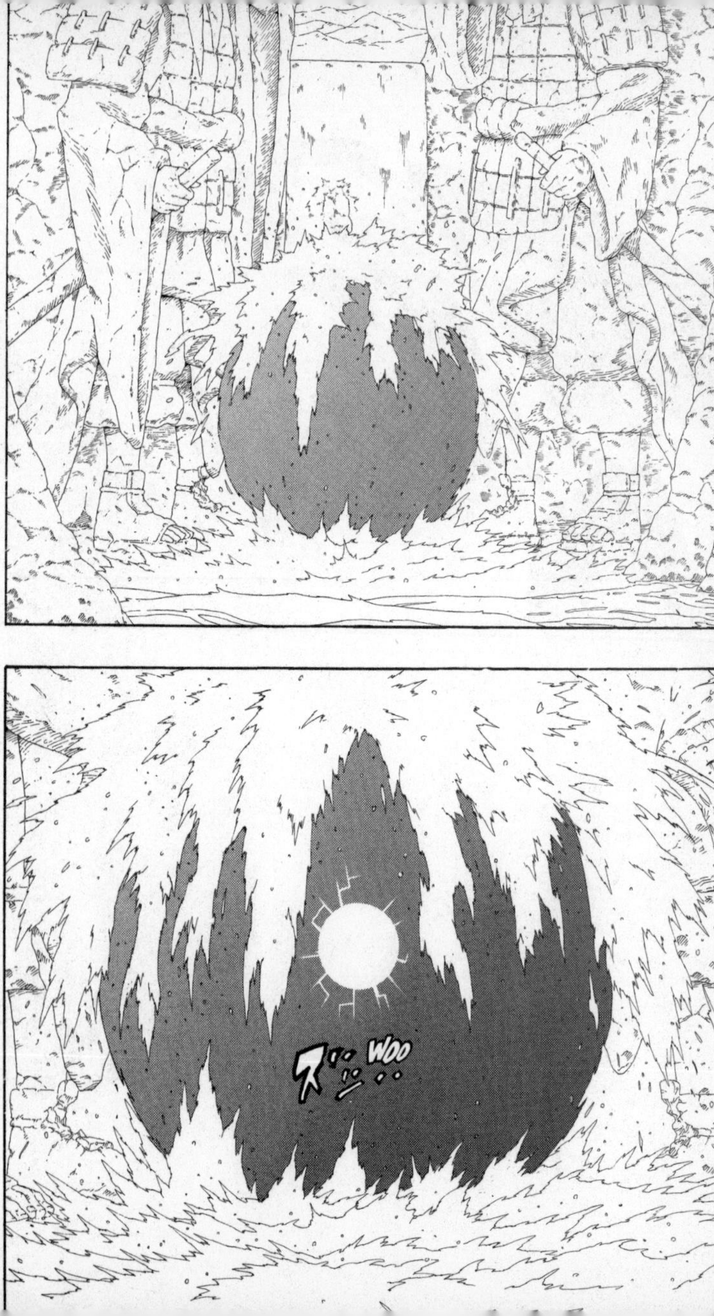
WOO

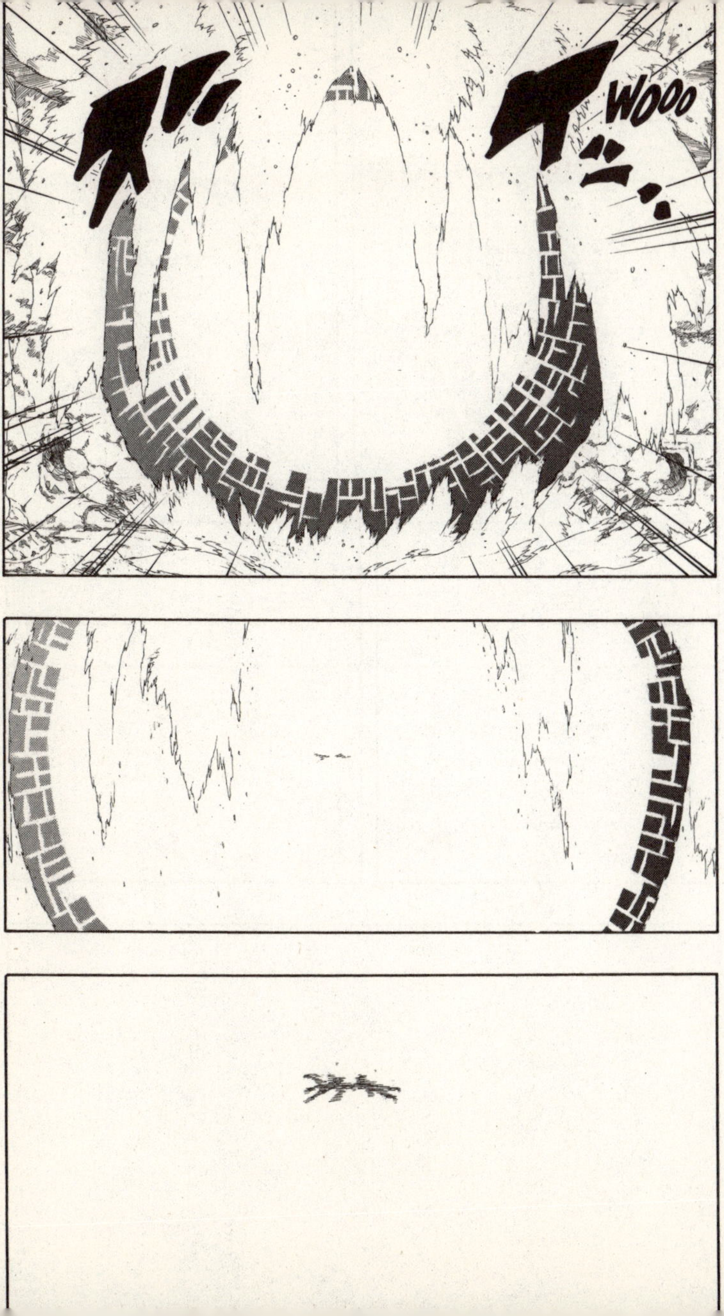
WOOO

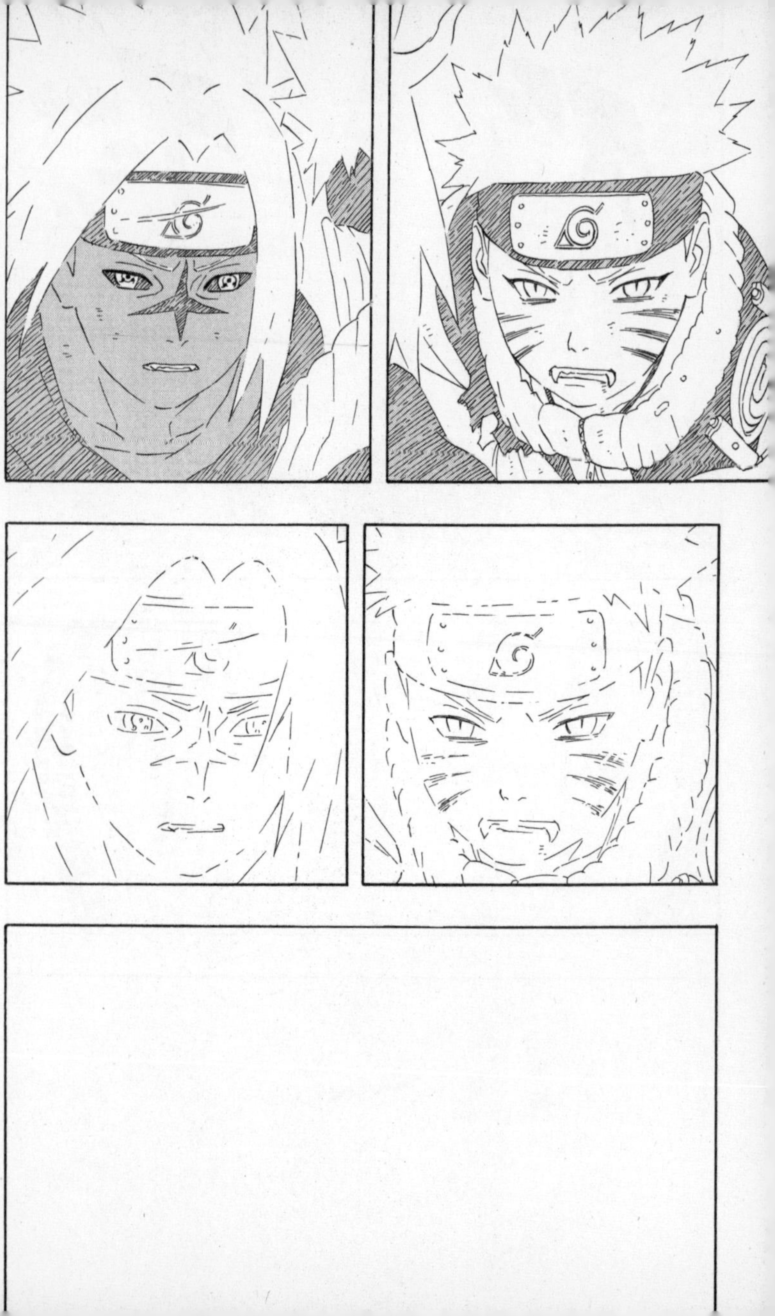

SHUP
スル…
KLANK
KLONK

NARUTO..
...
JE...
...!

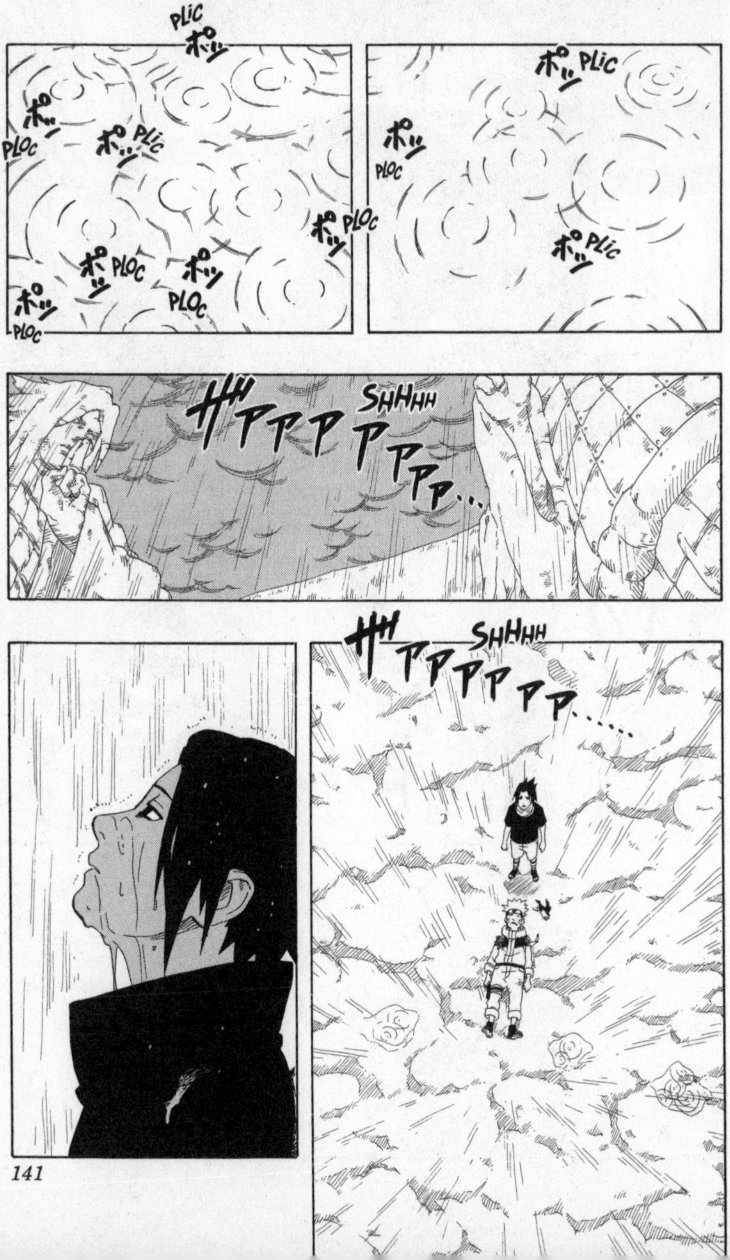
ポッ PLIC
ポッ PLOC
ポッ PLIC
ポッ PLIC
ポッ PLOC
ポッ PLIC
ポッ PLOC
ポッ PLOC
ポッ PLOC
ポッ PLOC
ザァァァァァァ... SHHHH
ザァァァァァァ...... SHHHH

Kzim
HUNG...!
...
Kzim
BLOM
SHHHH
BWEURK!!!
SPATCH

SHHHH
HHPPPPPPP...

SHHHH
NOUS SOMMES PROCHES...
PAS DE PROBLÈME !!!
TOUT PROCHES !!
LES ODEURS NE RISQUENT-ELLES PAS DE DISPARAÎTRE ?!
IL PLEUT...!
STAAAP
PLASH
TAM
STAP
STAP
STAP
STAP

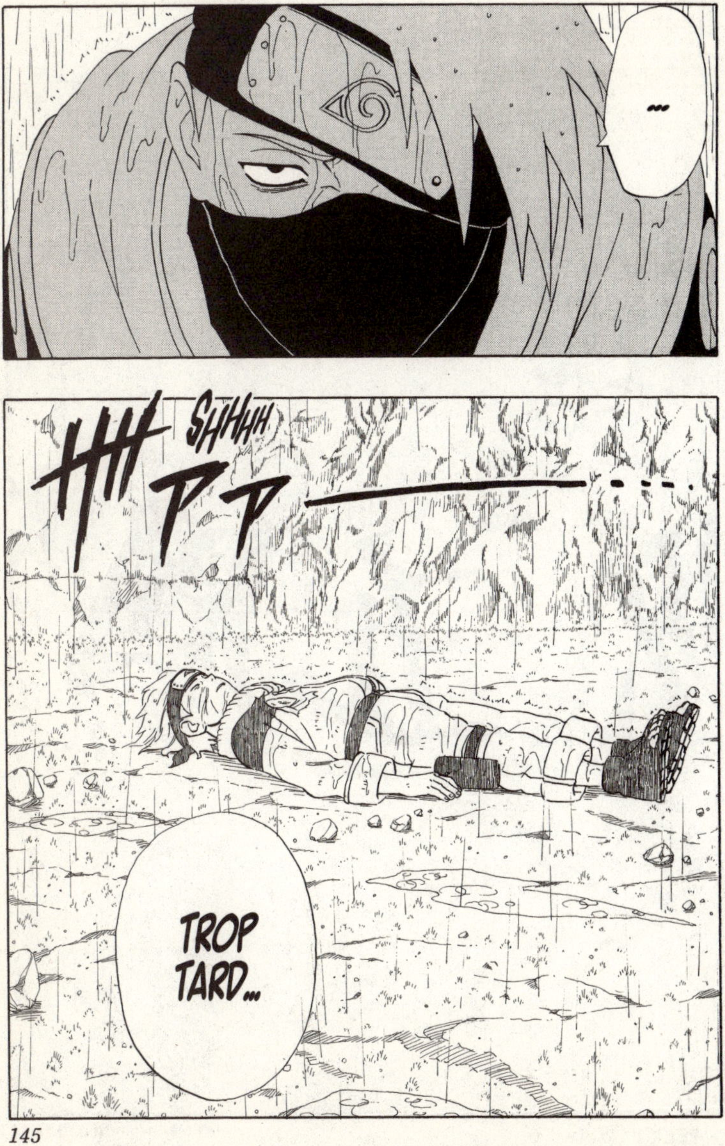
...
SHHHH
TROP TARD...

FÉLICITATIONS !!

9 NOVEMBRE 2009 : MASAKI MURAKAMI

234e épisode : SÉPARATION...!!

234e ÉPISODE :
SÉPARATION...!!

NARUTO

NARUTO...
COMMENT EN EST-ON ARRIVÉS LÀ ?
...
SNIF! SNIF!

C'EST BIEN LE BANDEAU DE SASUKE ...
...
...
ZUP
PLUSH

SHHH
ZUP
PARDONNE-MOI, GAMIN. JE SUIS ARRIVÉ TROP TARD.
SHHH
NARUTO...
...
C'EST BIEN TOI, ÇA...
TU AS TOUT DONNÉ.

SASUKE..!!

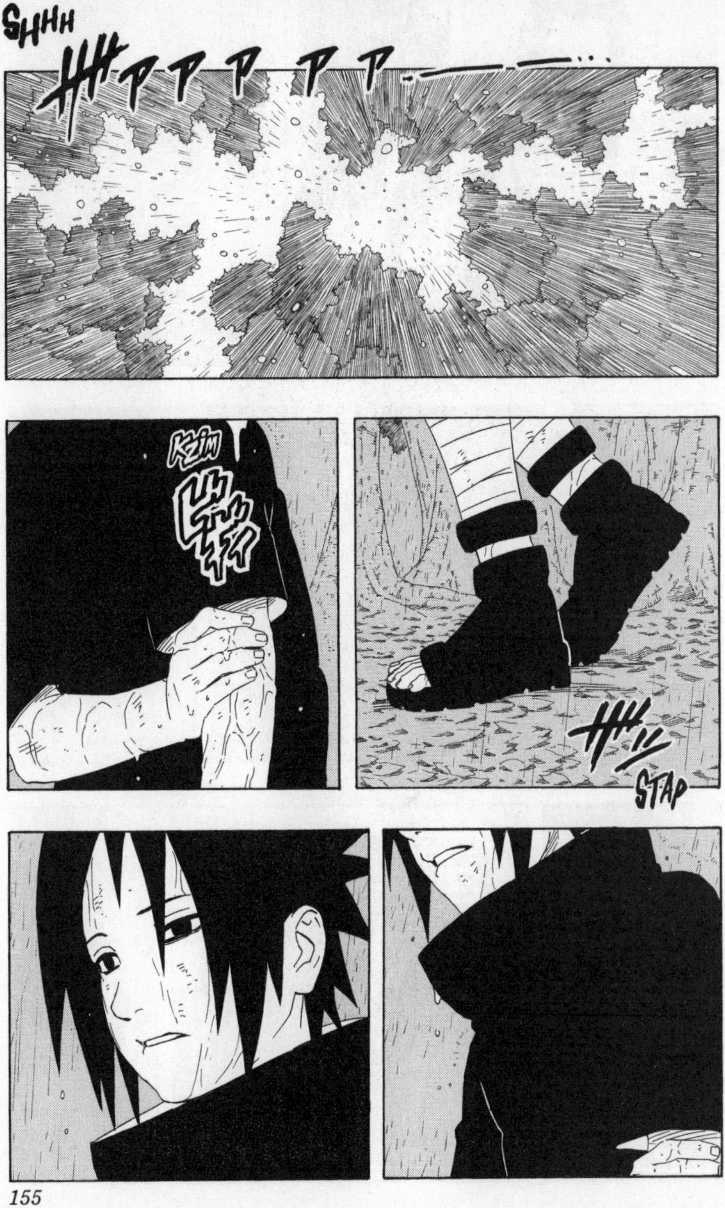
SHHH
KZIM
STAP

TU ES BIEN MON FILS... JE SUIS FIER DE TOI.
À MOI ...
... TON PÈRE NE PARLE QUE DE TOI !
NOUS SOMMES FRÈRES ...
JE CONTINUERAI D'ÊTRE AUPRÈS DE TOI, COMME LE MUR QUE TU DOIS FRANCHIR...
... MÊME SI TU ÉPROUVES DE LA RANCUNE À MON ÉGARD...

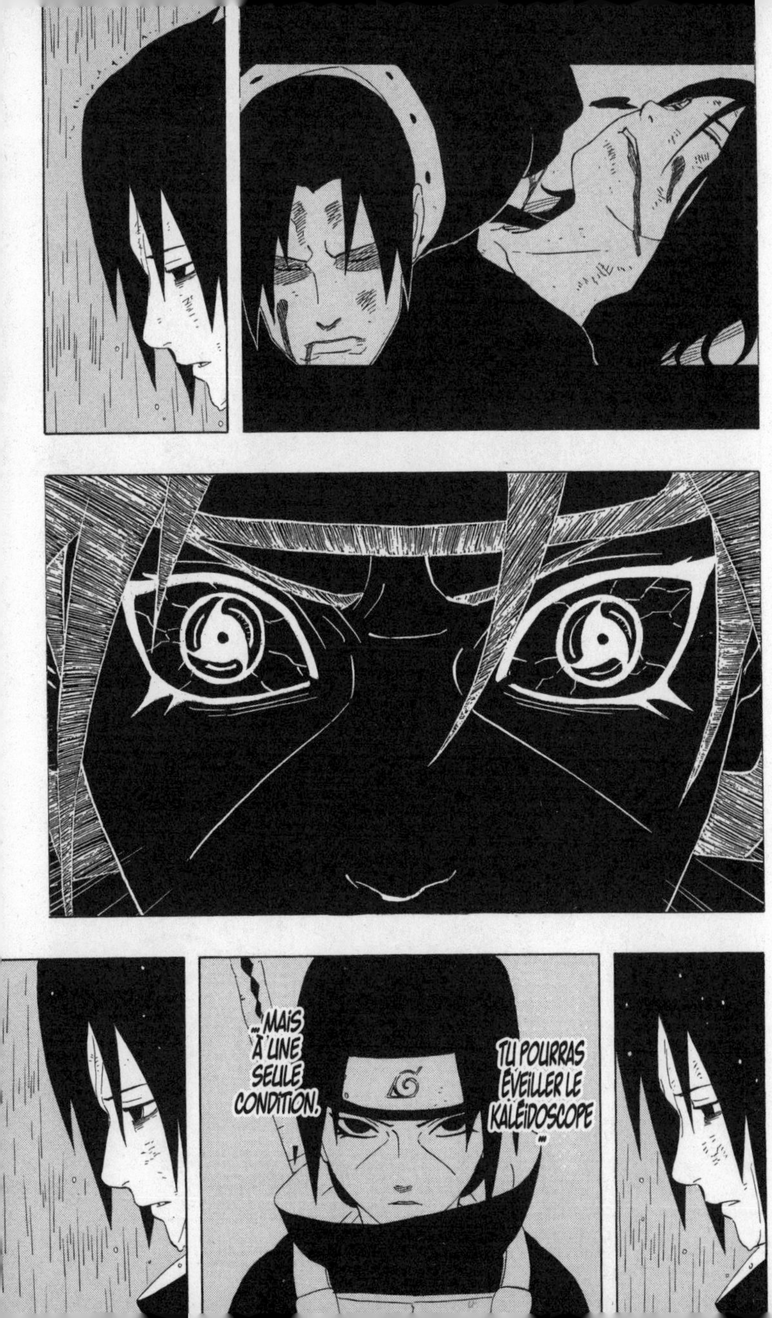
TU POURRAS ÉVEILLER LE KALÉIDOSCOPE ...
... MAIS À UNE SEULE CONDITION.

IL TE FAUDRA POUR CELA...
... TUER TON MEILLEUR AMI.
HHPPPPPPPP
SHHHHHH
DIRE QUE SASUKE ET NARUTO SE SONT BATTUS À MORT ICI...

QUELLE IRONIE DU SORT...
OUI...
ON RACONTE QUE DEUX HOMMES SE SONT AFFRONTÉS AUTREFOIS ICI...
... ET QUE CETTE RIVIÈRE EST NÉE DES BLESSURES QU'ILS INFLIGÈRENT À LA TERRE...
ポッ PLIC
ポッ PLOC
ポッ PLOC
À BIEN LA REGARDER...
... ON JURERAIT QU'ELLE S'ÉCOULE SANS FIN...
... POUR NARRER LA BATAILLE ÉTERNELLEMENT.
QUI SAIT ? NARUTO ET SASUKE ONT PEUT-ÊTRE LE MÊME DESTIN...
... QUE LES FONDATEURS DE KONOHA DONT LES STATUES SE DÉFIENT ICI POUR L'ÉTERNITÉ ?

S'ILS RESTENT EN VIE...
... TOUT AU MOINS.
HMMM...

...
IL TE FAUDRA POUR CELA...
...TUER TON MEILLEUR AMI.

NON, GRAND FRÈRE...
... JE NE T'ÉCOUTERAI PLUS !

J'ACQUERRAI DE LA PUISSANCE... MAIS À MA MANIÈRE...
... ET JE TE SURPASSERAI !!!

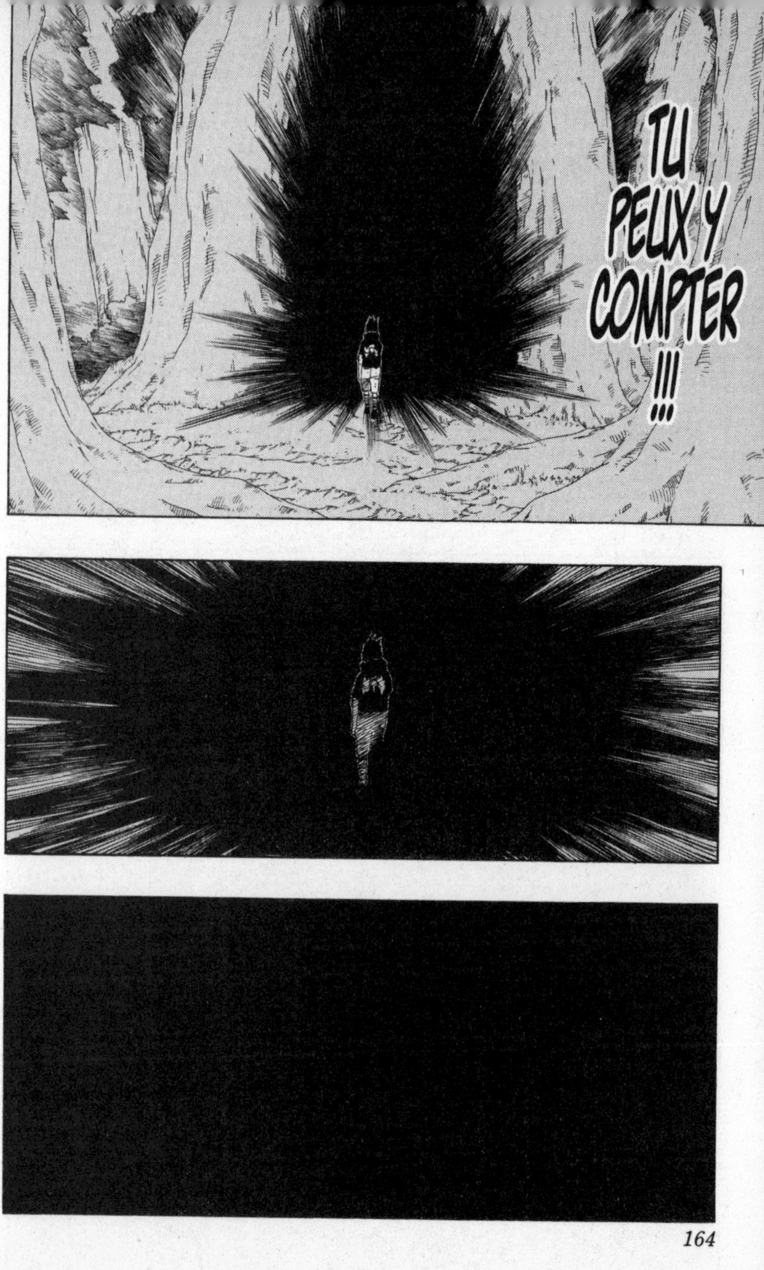
TU PEUX Y COMPTER !!!

LA PLUIE A CESSÉ...
MAIS JE NE RETROUVERAI PLUS SON ODEUR MAINTENANT...
ET PUIS, NARUTO EST LA PRIORITÉ.
OUI.
WOOOP
PROK PLOK
HUN HUN... LES CHOSES PRENNENT UNE TOURNURE INTÉRESSANTE.

WOOOP
HMM...

NARUTO — LES MEILLEURES CRÉATIONS DE PERSONNAGES DES LECTEURS JAPONAIS (5e PARTIE)

LA PLUS BELLE CRÉATION EST ATTRIBUÉE À PONKI (DÉPARTEMENT DE HYÔGO) !!

PONKI RECEVRA TRÈS BIENTÔT UNE PHOTO DÉDICACÉE DE SON PERSONNAGE REDESSINÉ PAR MAÎTRE KISHIMOTO !

KUJAKU TUZURA

LE DESSIN REDESSINÉ PAR LE MAÎTRE !!

235e ÉPISODE :
ÉCHEC !!

HM...
...
!
MAÎTRE KAKASHI...
STAP STAP

OÙ EST SASUKE ?
!
MAÎTRE KAKASHI !!!
...
...
COMMENT SE PORTE NARUTO UZUMAKI ?
iL VA BiEN.
STAP
STAP
STAP
* ÉQUIPE MÉDICALE.

ET SASUKE ? OÙ EST SASUKE UCHIWA ?
...
COMMENT VONT LES AUTRES NINJAS DE L'ESCOUADE DE POURSUITE ?
EH BIEN...
... MAÎTRE HOKAGE A FAIT DÉPÊCHER LES ÉQUIPES MÉDICALES 1 ET 2 SUR LEURS TRACES.
ELLES ONT DÉJÀ RAPATRIÉ DES BLESSÉS DE PLUSIEURS ENDROITS.
IL A FALLU LEUR ADMINISTRER DES SOINS D'URGENCE SUR PLACE.

VOUS SAVEZ S'ILS VONT BIEN ?
OUI !
KIBA INUZUKA SOUFFRE DE BLESSURES MULTIPLES ET PROFONDES...
... MAIS SA VIE N'EST PAS MENACÉE.
SHIKAMARU NARA N'A QUE DES BLESSURES LÉGÈRES.
QUANT À NEJI HYÛGA ET CHÔJI AKIMICHI, ILS SONT TOUS DEUX DANS UN ÉTAT CRITIQUE.
IL EST IMPOSSIBLE DE SE PRONONCER À LEUR SUJET.
...
MES AMIS...

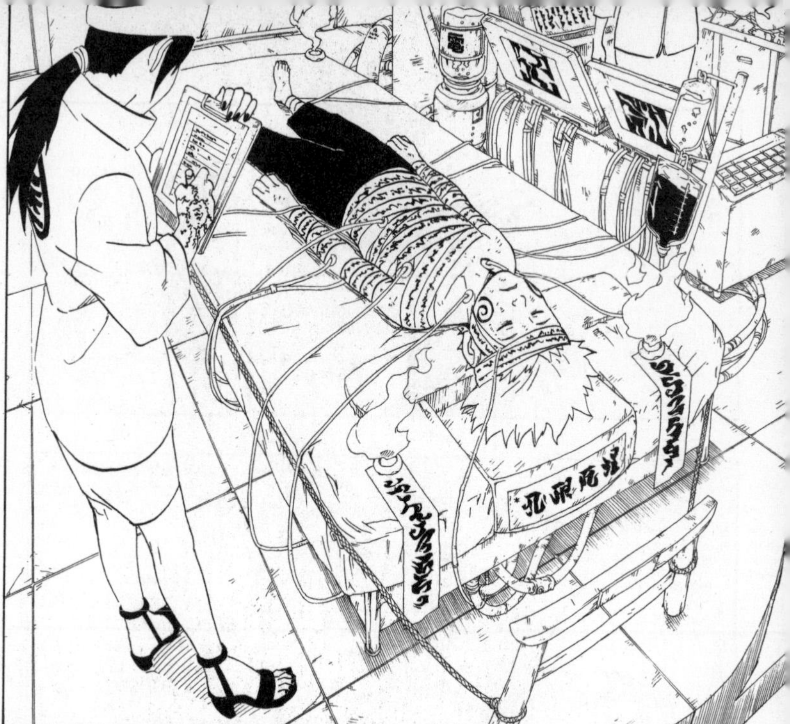

* MÉDECINE.

* CERF.

* MÉDECINE. ** HÔPITAL DE KONOHA.

* SALLE DE SOINS INTENSIFS 7.

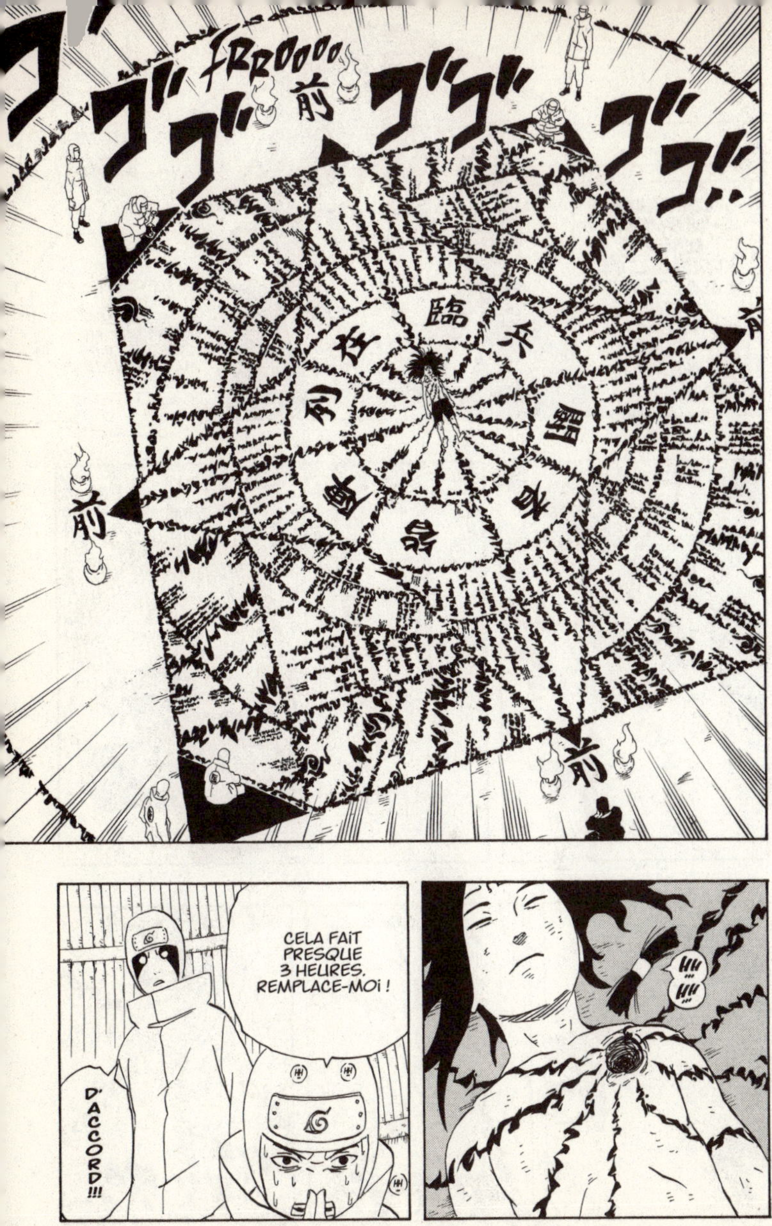
FRROOOO
HH! HH!
CELA FAIT PRESQUE 3 HEURES. REMPLACE-MOI !
D'ACCORD!!!

ALLONS-Y AVEC SES CHEVEUX !
NE VOUS TROMPEZ PAS SUR LES PROPORTIONS DES CELLULES MANQUANTES !
CONTRÔLEZ LE CHAKRA COMME SI VOUS VOULIEZ GUIDER UN FIL AU TRAVERS DU CHAS D'UNE AIGUILLE !
OUI !!!
SHHH
SHHH-
SHHH-
HM...

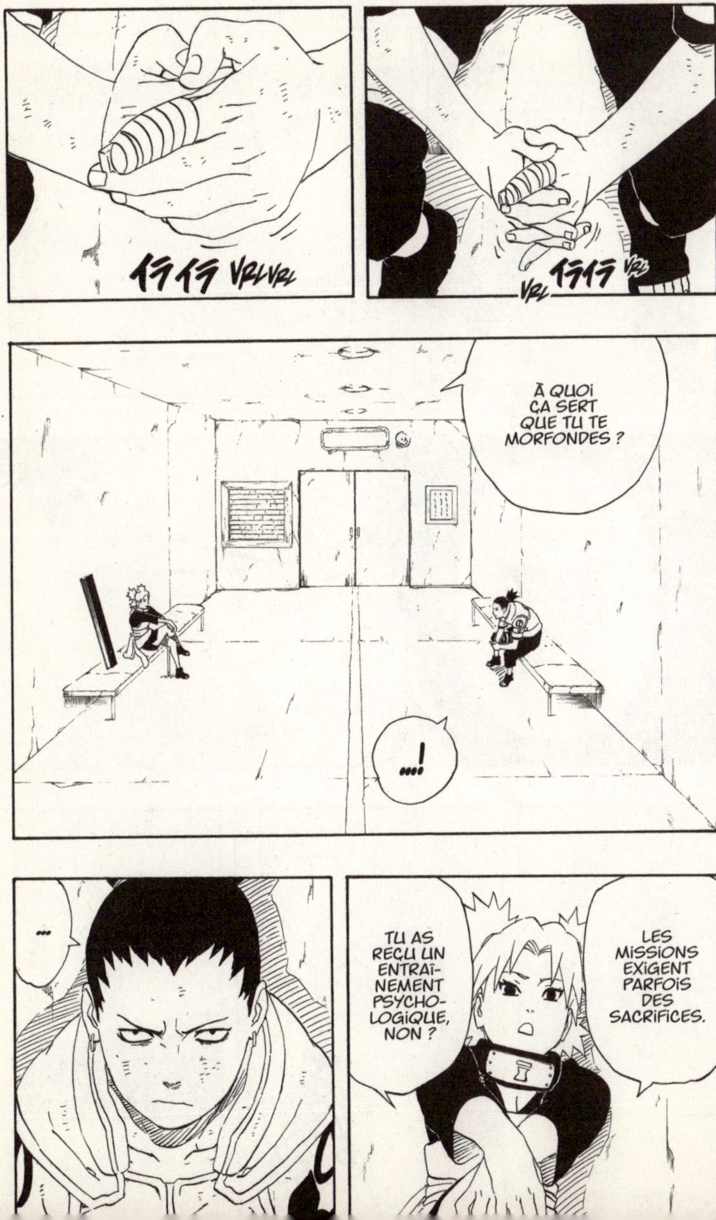

イライラ
VRL VRL
イライラ
VRLVRL
À QUOI ÇA SERT QUE TU TE MORFONDES ?
...!
LES MISSIONS EXIGENT PARFOIS DES SACRIFICES.
TU AS REÇU UN ENTRAÎNEMENT PSYCHOLOGIQUE, NON ?
...

L'ENTRAÎNEMENT ET LA PRATIQUE, C'EST DIFFÉRENT...
JE SAIS CE QU'EST UNE MISSION...
JE PENSAIS AVOIR COMPRIS CE QU'ÉTAIT LE MONDE DES SHINOBI...
C'ÉTAIT LA PREMIÈRE FOIS QUE J'AVAIS LA RESPONSABILITÉ D'UNE ÉQUIPE...
ET J'AI COMPRIS UNE CHOSE...
JE NE SUIS PAS FAIT POUR ÊTRE SHINOBI.
...
ON NE DIRAIT PAS, MAIS EN FAIT, TU ES ASSEZ FRAGILE.
TU ES UN HOMME, POURTANT.
...
ZUP
スッ

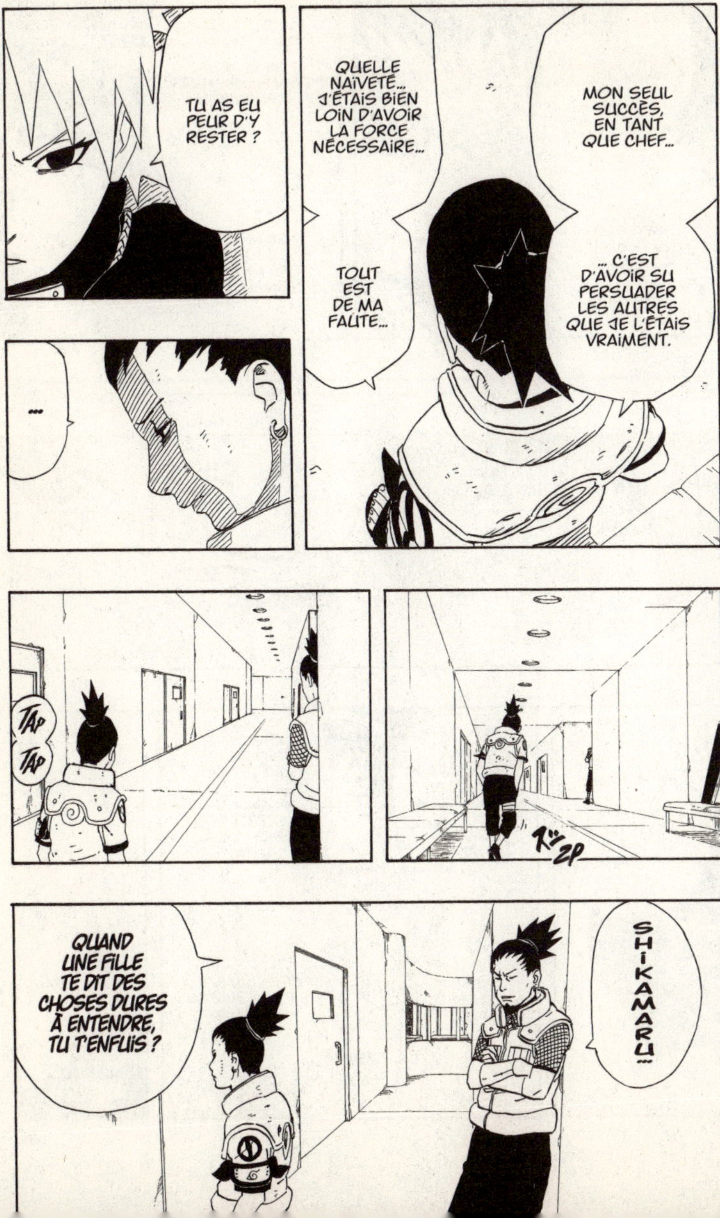
MON SEUL SUCCÈS, EN TANT QUE CHEF...
... C'EST D'AVOIR SU PERSUADER LES AUTRES QUE JE L'ÉTAIS VRAIMENT.
QUELLE NAÏVETÉ... J'ÉTAIS BIEN LOIN D'AVOIR LA FORCE NÉCESSAIRE...
TOUT EST DE MA FAUTE...
TU AS EU PEUR D'Y RESTER ?
...
ZP
TAP
TAP
SHIKAMARU...
QUAND UNE FILLE TE DIT DES CHOSES DURES À ENTENDRE, TU T'ENFUIS ?

J'EN AI ASSEZ DE ME DISPUTER POUR RIEN.
JE NE SUIS PAS UNE FEMME.
C'EST VRAI.
MAIS T'ES PAS UN HOMME NON PLUS.
TU N'ES QU'UN LÂCHE.
...
MÊME SI TU RENONCES À ÊTRE UN SHINOBI, LES MISSIONS NE S'ARRÊTERONT PAS POUR AUTANT.
QUELQU'UN TE REMPLACERA.
TES COMPAGNONS PARTIRONT EN MISSION SOUS LE COMMANDEMENT...
... D'UN AUTRE LEADER.
ET PEUT-ÊTRE QU'ILS MOURRONT SOUS SES ORDRES...

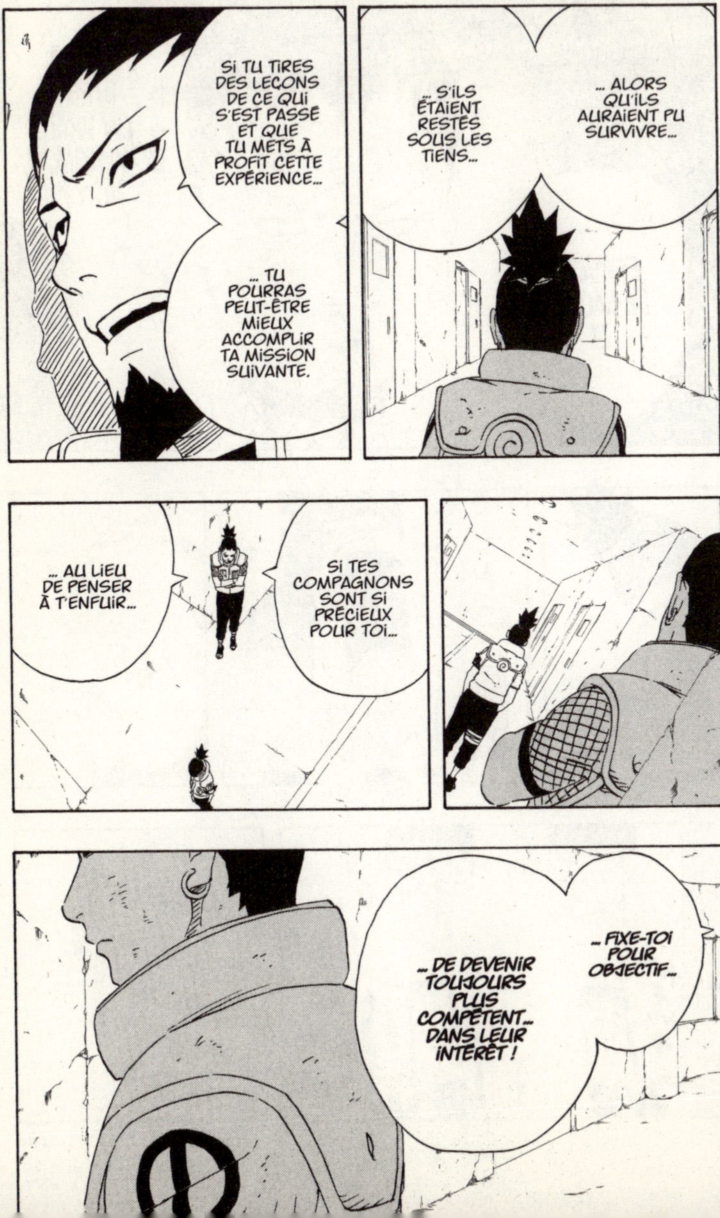
... ALORS QU'ILS AURAIENT PU SURVIVRE...
... S'ILS ÉTAIENT RESTÉS SOUS LES TIENS...
SI TU TIRES DES LEÇONS DE CE QUI S'EST PASSÉ ET QUE TU METS À PROFIT CETTE EXPÉRIENCE...
... TU POURRAS PEUT-ÊTRE MIEUX ACCOMPLIR TA MISSION SUIVANTE.
SI TES COMPAGNONS SONT SI PRÉCIEUX POUR TOI...
... AU LIEU DE PENSER À T'ENFUIR...
... FIXE-TOI POUR OBJECTIF...
... DE DEVENIR TOUJOURS PLUS COMPÉTENT... DANS LEUR INTÉRÊT !

C'EST ÇA, ÊTRE UN VRAI COMPAGNON, NON ?
ESPÈCE DE LÂCHE !!!
...
...
GRRR
KLANK KLANK

C'EST BON...
...
L'ANTIDOTE EST FINALEMENT PARVENU LÀ OÙ ÉCHOUAIENT LES MÉDICAMENTS.
IL A STOPPÉ LA DESTRUCTION DES CELLULES.
CETTE FOIS, IL EST HORS DE DANGER, SHIKAMARU.
VLAN
LE MANUEL PHARMACOLOGIQUE DU CLAN NARA M'A BEAUCOUP AIDÉE.
J'OSE À PEINE IMAGINER LA QUANTITÉ DE TRAVAIL QUE CE TRAITÉ A REPRÉSENTÉE POUR VOTRE LIGNÉE.
EN TOUT CAS, CELA NOUS DÉMONTRE À QUEL POINT L'ACTIVITÉ DE RECHERCHE EST FONDAMENTALE.
MERCI...
TSUNADE!!!
!

HH
HH
HH
NEJI HYÛGA...
...ON A RÉUSSI, SA VIE N'EST PLUS EN DANGER !
...
J'AI UNE AUTRE NOUVELLE.
KAKASHI HATAKE ET NARUTO UZUMAKI VIENNENT DE REVENIR À L'INSTANT.
NARUTO EST GRIÈVEMENT BLESSÉ, MAIS SES JOURS NE SONT PAS EN DANGER.
...
...
ILS NE SONT QUE DEUX...

SHIKAMARU...
JE CROIS QUE LA MISSION A ÉCHOUÉ.
MAIS ILS SONT TOUS EN VIE.
C'EST CE QUI EST LE PLUS IMPORTANT.
LA PROCHAINE FOIS...
... JE PROMETS DE RÉUSSIR PARFAITEMENT MA MISSION.

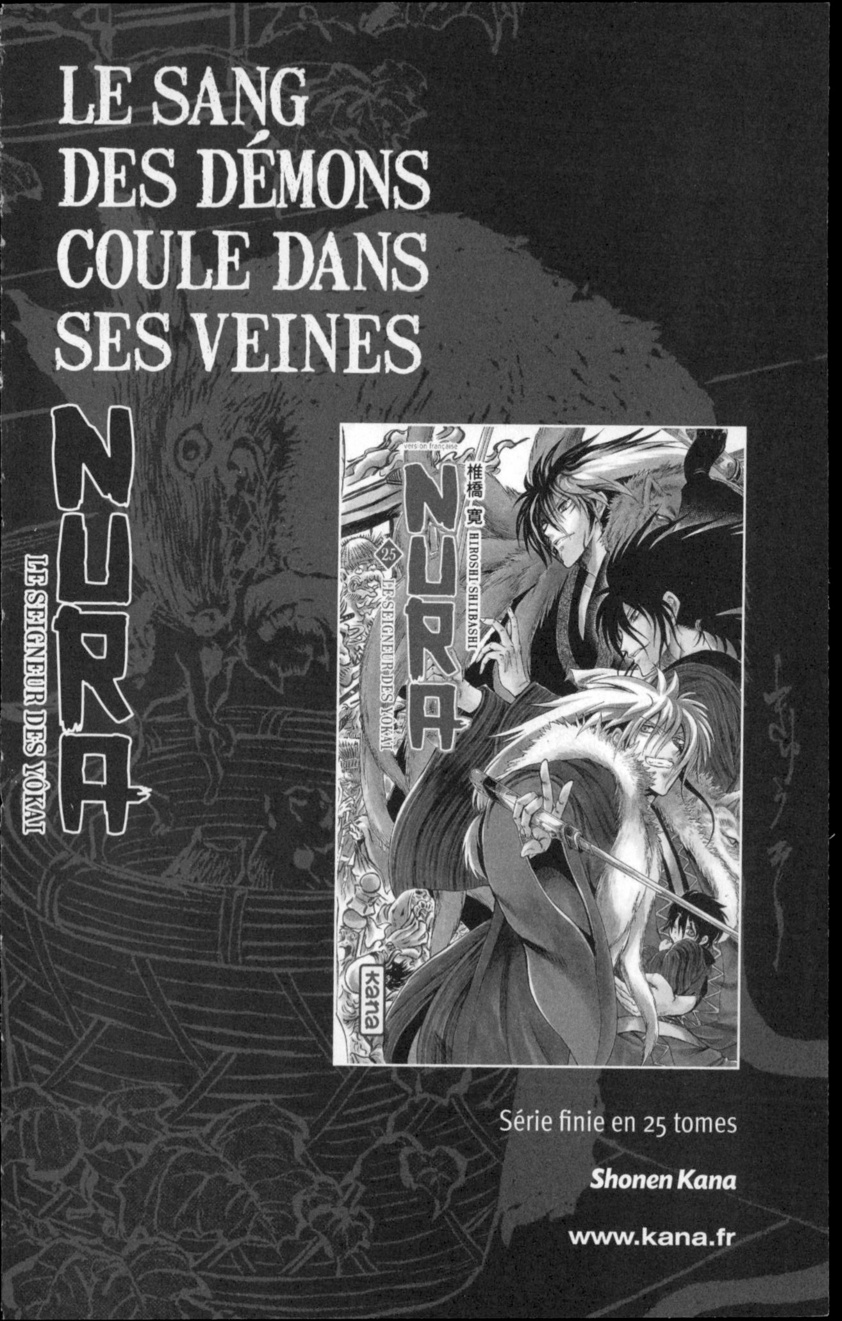
LE SANG
DES DÉMONS
COULE DANS
SES VEINES
NURA
LE SEIGNEUR DES YÔKAI
version française
椎橋寛
HIROSHI SHIIBASHI
25
NURA
LE SEIGNEUR DES YÔKAI
kana
Série finie en 25 tomes
Shonen Kana
www.kana.fr

UN SHONEN D'HÉROÏC FANTASY !

Dans des territoires peuplés de monstres-insectes
et plongés dans une nuit éternelle vivent et travaillent,
au péril de leur vie, des agents postaux très spéciaux :

les Letter Bees !

Le jeune Lag porte sur lui un bon de livraison :
Lag est le premier colis que Gauche, le Letter Bee,
doit livrer ! L'aventure ne fait que commencer !!

www.kana.fr **SHONEN – Série finie en 20 tomes**

Ce manga est publié dans son sens
de lecture originale, de droite à gauche.

Ici, vous êtes donc à la fin.

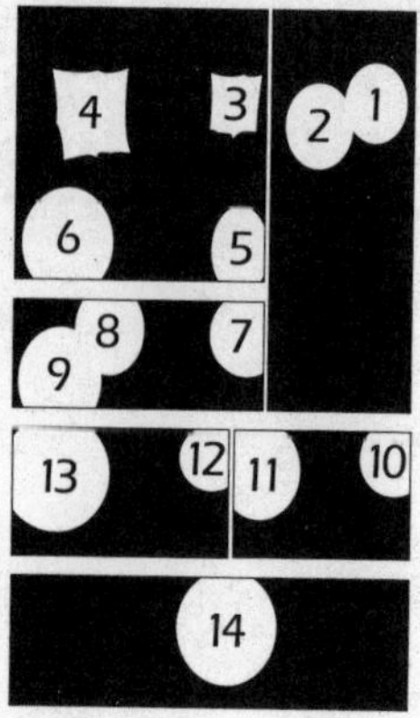

NARUTO

First published in Japan in 1999 by SHUEISHA Inc., Tokyo.
French translation rights in France and French-speaking Belgium, Luxembourg, Switzerland and Canada
arranged by SHUEISHA Inc. through VME PLB SAS, France.

7, avenue P-H Spaak - 1060 Bruxelles
15e édition

Achevé d'imprimer en juin 2021 • Dépôt légal : novembre 2006
d/2006/0086/334 • ISBN 978-2-8712-9987-5

Traduit et adapté en français par Sébastien Bigini
Conception graphique : Les Travaux d'Hercule
Adaptation graphique : Éric Montésinos

Imprimé et relié en Italie par GRAFICA VENETA
Via Malcanton 2, 35010 Trebaseleghe (Pd)